Harald Havas

DAS AUSTROPOP SAMMELSURIUM

UEBERREUTER

Gewidmet Georg Danzer, der fest an die Berechtigung und Wichtigkeit einer eigenständigen und lebendigen heimischen Musikszene glaubte und auch stets öffentlich vehement für eine faire Wahrnehmung und Förderung einer solchen eingetreten ist.

ISBN 978-3-8000-7368-9

Covergestaltung: Christian Thomas, www.concept8.com

Abbildung der Alben-Cover von
Falco »Junge Römer«, Stefanie Werger »Stille Wasser«, Georg Danzer »Persönlich«, Wolfgang Ambros »Verwahrlost aber Live«, Rainhard Fendrich »So weit so gut«, Opus »Back To Future«, Mondscheiner »Renoviert diese Stadt«, Drahdiwaberl »Psychoterror«, Waterloo & Robinson »Marianne«, Tauchen/Prokopetz »DÖF«, Johann K. »Best Of – Wo san nur die Zeiten hin« am Buch-Cover mit freundlicher Genehmigung der SONY BMG MUSIC ENTERTAINMENT (AUSTRIA) GmbH
Der Autor und der Verlag bedanken sich weiters bei EMI AUSTRIA für die Zurverfügungstellung des Album-Covers EAV »Geld oder Leben« .

Druck: Druckerei Theiss GmbH, A-9431 St. Stefan i. L.
Gedruckt auf Salzer Papier
7 6 5 4 3 2 1

Ueberreuter im Internet: www.ueberreuter.at

AUSTROPOP GIBT ES NICHT

Natürlich gibt es so etwas wie Austropop gar nicht.

Alle Gegner des Begriffs haben vollkommen Recht. Genau genommen beschreibt er gar nichts, außer dass es sich um Musik handelt, die irgendwie mit Österreich zu tun hat. Er taugt nicht einmal dazu, den engeren Bereich der ehemaligen »Dialektwelle«, also den Kern der in Mundart gesungenen österreichischen Pop- und Rockmusik seit den 70er-Jahren, maßgeblich verkörpert durch Ambros, Danzer, Fendrich, Werger, STS etc., zu beschreiben. Denn schon hier haben elegische Balladen eines André Heller wie »A Zigeina mecht i sein« recht wenig mit fetzigen Dumpf-Nummern eines Ulli Bäer wie »Der Durst« (»Da Duascht bringt mi um, i brauch a Bier sunst kumm i um«) zu tun.

Dennoch.

Dennoch kann der Begriff Austropop nicht einfach vom Tisch gewischt werden. Denn man kann – und sollte! – ihn vielleicht anders sehen. Als Qualitätssiegel vielleicht, so etwas wie »Made in Austria« bezogen auf populäre Musik jenseits des Schlagers. Wobei mit Qualität jetzt nicht unbedingt gemeint ist, dass alles, was in den letzten Jahrzehnten von österreichischen Musikern produziert und aufgenommen wurde, automatisch von hoher Qualität war. Wohl nicht. Gemeint ist vielmehr eine Art Gütesiegel, Herkunftsnachweis, etwas, das – völlig unschmalzig – das Heimische, das Unsrige hervorkehrt.

Denn wie in jedem Land gibt es auch bei uns Stimmungen, Grundbefindlichkeiten, Gefühle, die am besten von Künstlern aus den eigenen Reihen ausgedrückt werden können. Wir mögen wie der Rest der Welt internationalen (anglophonen) Pop hören und lieben, französische Chansons schätzen oder von deutschen Protestsongs begeistert sein. Lieder wie »Schifoan« gehören aber nur uns und werden von Menschen anderer Nationen nie ganz verstanden werden. Oder aber als Botschafter etwas über die »österreichische Seele« vermitteln.

Eine Lanze sei an dieser Stelle auch noch für banale Pop- und Disco-Lieder aus Österreich gebrochen. Menschen gehobenen Musik-Geschmacks rümpfen ob solchen gerne die Nase und argumentieren in die Richtung, dass es ohnehin genug ausländischen Mainstream-Schrott gibt, der aus unseren Radios dudelt, da brauche man nicht auch noch österreichische, meist schlechtere Epigonen dazu. Hier bin ich völlig anderer Meinung. WENN es schon so etwas wie ein Grundbedürfnis nach musikalischem Schrott gibt, der nun einmal von vielen Menschen gekauft und gehört wird, warum sollen wir den nicht auch selber machen, statt ihn nur zu importieren? Das schafft nicht nur Arbeitsplätze (Studios, Sänger, Musiker ...), sondern auch Selbstwertgefühl – und günstigstenfalls sogar eine Basis für Künstler, danach oder parallel auch etwas Neues, Besseres zu schaffen. Auch Falco war, bevor er Falco wurde, nicht nur bei der elitären »Hallucination Company«, sondern auch bei der Underground-Band »Drahdiwaberl« – und außerdem war er Mitglied einer Kommerzband und zeitweise Bassist einer Disco-Formation. Inländischen Mehr-oder-weniger-Schrott zu unterdrücken, weil es eh ausländischen Schrott gibt, würde auf (ungesündere) Nahrungsmittel umgelegt bedeuten, keine »Manner-Schnitten« mehr zu verkaufen, wo es doch eh »Mars«-Riegel gibt, keine Burenwürste mehr, weil wir doch eh jetzt so viele »McDonald's«-Filialen haben und keine »Kelly's Chips«, weil man ja eh auch »Pringles« kaufen kann. Eine bunte Mischung macht ein Biotop und einen freien Markt aus. Sender mit einschlägigen »Sendeverboten« von Austropop-Produkten aller Jahrzehnte sollten sich das mal durch den Kopf gehen lassen.

Was ist nun aber Austropop im Sinne dieses Buches?
Wie gesagt, eine gültige Definition gibt es nicht. Manche setzen die Geburtsstunde des Austropop mit dem Beginn der Dialektwelle Anfang der 70er-Jahre an: Mendts »Glocke«, die Lieder von der »Worried Men Skiffle Group« oder der »Hofa« von Ambros. Andere rechnen schon frühere, teilweise schlagerähnliche Musik der 60er-Jahre dazu. Oder Kabarett-Klassiker von Helmut Qualtinger und Gerhard Bronner, Lieder von Pirron und Knapp oder den »Drei Spitzbuben«, die alle durchaus populäre Hits ihrer Zeit waren. Damit betritt man allerdings den Graubereich, der dann noch viel weiter zurückreicht. Kabarettistische und humoristische Lieder der 20er- und 30er-Jahre etwa bzw. Chansons, Balladen und Liebeslieder dieser Zeit. Und wenn man darüber hinaus noch weiter nach den Wurzeln populärer österreichischer Musik fahndet, findet man, wenn man will, durchaus Parallelen zum Austropop in Operetten, Strauß-Walzern oder Nestroy-Couplets. Aber auf diese historische Ebene möchte ich mich nicht begeben.
Vielmehr erscheint für dieses Buch eine Negativ-Definition am Geeignetsten. Austropop ist also jede Form von Pop- und Rockmusik, die nicht eindeutig in andere gut definierte Bereiche wie (volkstümlicher) Schlager, Jazz, Klassik, Experimentelles, Undergroundiges und Alternatives gehört. Das meiste Österreichische also, das früher auf Ö3 lief (und teilweise jetzt

wieder läuft), das man auf Radio Arabella immer wieder hören kann, aber eher nicht das, was FM4 sendet. Außerdem wäre noch eine gewisse Popularität, die sich in Verkaufszahlen und/oder Chart-Platzierungen ausdrückt, vonnöten.

Schwammig genug als Definition, sicher. Aber, ob sie es selbst wollen oder nicht, Christina Stürmer und DJ Ötzi sind beide erfolgreiche Vertreter des Austropop – ja sogar die größten Austropopstars der Gegenwart. Ludwig Hirsch ist Austropopper ebenso wie KGB (»Motorboot«). Englischsprachige Rocknummern österreichischer Künstler gehören genauso dazu wie gemäßigter österreichischer Punk, österreichische Neue Deutsche Welle und die ganze Satire-, Kabarett- und Spaßfraktion von DÖF bis EAV.

Dass es bei einer solchen Definition Grenzfälle hageln muss, ist klar. Ein perfektes Beispiel dafür ist Udo Jürgens, einer der bedeutendsten österreichischen Singer-Songwriter der Gegenwart, der von vielen schnell mit einem Schulterzucken in die Schlagerecke abgeschoben wird. Aber da gehört er nicht hin, was bei näherer Betrachtung seines Gesamtwerks schnell klar wird. Andere Grenzfälle, die im Buch nicht berücksichtigt wurden, tragen Namen wie: Freddy Quinn, Michael Heltau, Dolores Schmidinger, Cissy Kraner, Hermann Leopoldi, Hans Moser, Louise Martini, Peter Alexander ...

Andere bedeutende österreichische Gegenwartsmusiker wie Joe Zawinul gehören dafür eindeutig nicht hierher, werden aber perfiderweise im Buch dennoch erwähnt, weil es einfach zu schade wäre, es nicht zu tun ...

Und weil wir gerade bei Erfolg sind: Die Früchte des Austropop haben eigentlich erstaunlich viele internationale Erfolge, ja sogar so manchen Welthit hervorgebracht. Und das ist doch recht beachtlich für so ein kleines Land wie Österreich. Denn, Hand aufs Herz, wie viele internationale Hits aus Portugal, Holland, Dänemark oder Norwegen kennt man? Unsere Ausbeute ist da gar nicht so schlecht.

Umso seltsamer, dass den meisten Menschen, die mit der Frage konfrontiert werden, welche Popmusik sie denn gerne mögen, meist alles zwischen Britney Spears, Madonna, »The Who« und »Leningrad Cowboys« erwähnen. Die Namen heimischer Musiker fallen aber kaum jemanden ein. Warum auch immer.

Deswegen plädiere ich auch jenseits der Neuen Österreicher für eine Renaissance des und ein Bekenntnis zum Austropop. Vieles hätte diese Aufmerksamkeit verdient. Belege dafür finden sich in diesem Buch zuhauf.

Harald Havas

EINIGE (LAGERFEUER UND SKIHÜTTEN-)HYMNEN DES AUSTROPOP

A Mensch möcht i bleiben (Wolfgang Ambros)
Da Hofa (Wolfgang Ambros)
Der Kaffee ist fertig (Peter Cornelius)
Die Blume aus dem Gemeindebau (Wolfgang Ambros)
Du entschuldige, i kenn di (Peter Cornelius)
Du verstehst mi ned (Wolfgang Ambros)
Es lebe der Sport (Rainhard Fendrich)
Es lebe der Zentralfriedhof (Wolfgang Ambros)
Es wird kalt (STS)
Fürstenfeld (STS)
Gö, du bleibst heut Nacht bei mir (STS)
Großvater (STS)
I am from Austria (Rainhard Fendrich)
Mei potschertes Leben (Hans Orsolics)
I mecht landen (Maria Bill)
I wü di g'spian (Stefanie Werger)
Irgendwann bleib i dann dort (STS)
Is scho guat Mama (Wolfgang Ambros)
Jeanny (Falco)
Jö schau (Georg Danzer)
Junge Römer (Falco)
Kokain (Boris Bukowski)
Langsam wachs ma zam (Wolfgang Ambros)
Live Is Life (Opus)
Amadeus (Falco)
Heast as net (Hubert von Goisern)
Reif für die Insel (Peter Cornelius)
Ruaf mi net an (Georg Danzer)
Schifoan (Wolfgang Ambros)
Slow Down (Andy Baum)
Stoak wie a Felsn (Stefanie Werger)
Überdosis G'fühl (STS)
Verwahrlost aber frei (Wolfgang Ambros)
Warum? (Austria für Afrika)
Weus'd a Herz hast wia a Bergwerk (Rainhard Fendrich)

FIT MIT FALCO

Am Höhepunkt der Aerobic-Welle der 80er-Jahre gelang Ö3 der Coup, Falco dazu zu bringen, täglich in der Früh im Radio eine Fitness-Übung, nun ja, vorzurappen. Als direkte Konkurrenz zur Morgenturnerin der Nation, Ilse Buck (»Fit mach mit«), mit ihren isometrischen Übungen.

SCHULFREUNDE

In der Akademie der Bildenden Künste waren Manfred Deix und Stefan Weber Sitznachbarn. Während Weber aber als Chef (und Inkarnation) von »Drahdiwaberl« seine exzessive Seite musikalisch auslebt, steht der exzessive Zeichner Deix musikalisch bekennenderweise mehr auf die sanfte Muse in Form des kalifornischen Surf-Sounds. (WIE sehr, kann man an anderer Stelle dieses Buchs lesen.)

SOUNDBITS DER ERINNERUNG: »TRÖDLER ABRAHAM«

... von Wolfgang (1970)

IM SPOTLIGHT: LANCE LUMSDEN

Die Tennislegende Lance Lumsden war auch maßgeblich am Musikgeschehen in Österreich beteiligt. Nicht nur (aber auch) als Sänger, sondern darüber hinaus als Gründer des nach dem »Rennbahn Express« zweitwichtigsten österreichischen Musikmagazins »Music Man« sowie als Produzent einiger Austropop-Sänger.

VERUNSICHERNDER REKORD

Am 18.06.2008 hielt sich das Jubiläumsalbum »100 Jahre EAV« seit 114 Wochen in den österreichischen Verkaufscharts.

SACHEN, DIE EINFACH EINMAL GESAGT WERDEN MÜSSEN ...

Sigi Maron ist eine coole Sau.

TOP OF THE TOPS

In einer Hitliste der 65 erfolgreichsten Künstler in den österreichischen Verkaufscharts zwischen 1965 und Ende 2007 finden sich insgesamt neun österreichische Künstler (auf den Rängen 9 bis 53).
Hier eine Auflistung mit dem Platz in der Hitliste, Zahl der Hits und dem Zeitraum, in dem sie überhaupt in den Charts zu finden waren.

Platz	Interpret	Hits	zwischen	und
9	Peter Alexander	25	15.04.1965	01.01.1985
16	EAV	22	01.08.1983	10.10.2004
18	Falco	21	01.01.1982	13.04.2007
19	Rainhard Fendrich	21	01.04.1981	21.12.2007
27	DJ Ötzi	18	08.08.1999	21.12.2007
39	Wolfgang Ambros	16	15.01.1974	13.01.2002
41	Udo Jürgens	16	15.05.1965	17.01.1999
44	Bilgeri	15	01.06.1981	23.05.2004
53	Christina Stürmer	15	06.04.2003	21.12.2007

(Quelle: www.austriancharts.at)

SOUNDBITS DER ERINNERUNG: »BIS ZUM HIMALAYA«

... von »Tom Pettings Herzattacken« (1983), auch noch in Erinnerung mit (u. a.) »Echo der Liebe« (1985)

ZWEIFACH GEMORDETES FABELTIER

Der Austropop hat was gegen den Osterhasen: Er wird sowohl von Ludwig Hirsch (»Diese gottverdammte Pleite«) als auch von Heli Deinböck (»Wer tötete den Osterhasen?«) musikalisch um die Ecke gebracht.

IM SPOTLIGHT: HANSI LANG

Hansi Lang gehört zu den Fast-Superstars des Austropop. Er war Mitglied der »Hallucination Company«, ist seit ewig in der Szene dabei und kann zahlreiche Hits mit Ohrwurmqualität vorweisen. Von »Keine Angst« über »Ich spiele Leben« und »Addio Westwelt« bis »Monte Video« und »(Fräulein) Josefine«.
Optisch war er in den 80ern eine Art auffällige Mischung aus Ziggy Stardust und Billy Idol.
Hansi Lang ist auch Schauspieler und trat u. a. in einer autobiografischen Rolle in Paulus Mankers »F@lco – A Cyber Show« auf.
Er ist aktuell weiter musikalisch tätig und erhielt 2006 für sein Album »The Slow Club« den Amadeus Award in der Kategorie »Jazz/Blues/Folk-Album des Jahres national«.
Außerdem singt er in seinem Programm »Die Bucht von Wien« Wienerisch nach Texten von H.C. Artmann.

SUPER, MAX!

Kurt Hauenstein, besser bekannt unter seinem Projekt- und Bandnamen »Supermax«, ist ein weiterer internationaler Popstar aus Österreich. Er war schon lange als Musiker tätig, bevor er 1976 in Deutschland eben das groovige, international besetzte Projekt »Supermax« aus der Taufe hob. Mit »Lovemachine« gelang ihm ein bis heute oft gespielter Disco-Klassiker, der als erster österreichischer Welthit der Pop-Neuzeit gilt. Er war auch der erste Musiker, der unter Lebensgefahr mit einer multiethnischen Band durch das noch von der Apartheid bestimmte Südafrika tourte.
2006 trat Kurt Hauenstein beim Donauinsellfest auf und erhielt 2008 den Amadeus Award für sein Lebenswerk.

LEGENDEN DES AUSTROPOP: WOLFGANG AMBROS

Kaum ein Name wird in diesem Buch so oft erwähnt wie der von Wolfgang Ambros. Ambros ist einer der erfolgreichsten, sicher aber der beständigste und stiltreueste Liedermacher, Dialektsänger und Austropopper, den Österreich hervorgebracht hat. Seine größten Hits wie »Schifoan« sind mittlerweile zu so etwas wie Gemeingut, wenn nicht zu Volksliedern geworden. Hier ein kleiner Word-Rap zu Wolfgang Ambros:

- Wolfgang Ambros ist KEIN Wiener, sondern kommt aus Wolfsgraben in Niederösterreich und stammt aus einer Lehrerfamilie.
- Seinen Langzeit-Songtexter Joesi Prokopetz lernte er als Mitschüler der Graphischen Lehr- und Versuchsanstalt in Wien kennen.
- Er lebte 1½ Jahre in London, bevor er mangels Aufenthaltserlaubnis ausgewiesen wurde.
- Auf seiner LP »Eigenheiten« finden sich ausnahmsweise sieben Lieder (von elf) auf Hochdeutsch.
- Er coverte unter anderem Bob Dylan, Tom Waits und Hans Moser.
- Als eines seiner Vorbilder nennt er Helmut Qualtinger, und hier v. a. den »Bundesbahnblues«.
- 1983 füllte er mit Rainhard Fendrich als erster österreichischer Popmusiker ein Stadion (Weststadion, jetzt Gerhard-Hanappi-Stadion) sowie solo die Stadthalle.
- Auf YouTube finden sich über 100 Videos mit ihm.
- 1985 gab er ein Konzert am Kitzsteinhorn, Vorläufer der mittlerweile üblichen Popkonzerte hoch oben auf dem Berg, und hielt damit lange Zeit einen Weltrekord für das »höchstgelegene Open-Air-Rockkonzert«.
- Zwei seiner vielen Beinamen lauten »Bob Marley von Österreich« und »Popkaiser«.
- Frühere Jobs von Ambros waren u. a. Schreibmaschinenmechaniker, Auslagenarrangeur und Plattenverkäufer.

SOUNDBITS DER ERINNERUNG: »EIN FREUND GING NACH AMERIKA«

... von Musyl und Joseppa (und Peter Rosegger), 1973

AUSTROPOP-SCHWERGEWICHT: OTTO WANZ

Unter den nicht wenigen singenden Sportlern der österreichischen Musikszene sticht ein Mann besonders hervor: der mehrfache Weltmeister und Halter des Rekordes im Telefonbuchzerreißen Otto Wanz.
Die Catcher-Legende Wanz, der diese österreichische Version des amerikanischen Show-Wrestlings am Heumarkt auf dem Gelände des Wiener Eislaufvereins bis in die 90er-Jahre hoch hielt, wirkt in einem Tonstudio, obwohl er auch eine Nebenkarriere als Schauspieler vorzuweisen hat, in etwa so fehl am Platz wie sein Sportlerkollege Hans Orsolics.
Dennoch oder gerade deshalb gelang es »Big Otto« Wanz und einer Gruppe wild aussehender Catcher 1989 unter dem Bandnamen »Battle Royal« ihren Titel »Young, Strong & Healthy« zumindest in den Ö3-Charts zu platzieren.
1990 nahm die Gruppe eine weitere Single mit dem Namen »Dynamite« auf, der aber kein vergleichbarer Erfolg beschieden war.
»Battle Royal« ist übrigens eine Match-Art im Wrestling, genauer ein Kampf einer unbeschränkten Zahl an Kontrahenten, die sich langsam gegenseitig dezimieren.

HANSEEEEE

Hans Orsolics war einer der erfolgreichsten österreichischen Profi-Boxer. Er war der jüngste Europameister und holte sich zwei Mal den EM-Titel. Seine »Pratzen« waren zu Recht gefürchtet: 28 seiner 42 Siege endeten mit K. o. des Gegners.
Dennoch nahm sein Leben eine tragische Wende. Seine Karriere endete schon mit 28 Jahren. Es folgte – durch Schulden, Alkohol und Raufereien – der Abstieg, der ihn sogar ins Gefängnis brachte. Eine ORF-Dokumentation von Sigi Bergmann über sein »verpfuschtes Leben« leitete die Wende ein. Der Wiener Liedermacher Charly Kriechbaum schrieb Orsolics ein Lied auf den Leib, das sein »potschertes Leben« auf den Punkt brachte. Authentisch, stimmgewaltig und nicht einmal ganz tonunsicher besang »Hanseee« sein Schicksal, landete damit einen Hit und wurde Nummer 1 sowohl bei Ö3 (drei Wochen) als auch in den Verkaufscharts.
Übrigens existiert eine Coverversion des Liedes von der Wiener Punk-Band »Dead Nittels«.

EINIGE AMADEUS-AWARD-DENKWÜRDIGKEITEN

- Christina Stürmer ist mit acht Siegen nicht nur die am häufigsten ausgezeichnete Künstlerin, sondern mit 15 Nominierungen auch die am häufigsten nominierte.
- DJ Ötzi ist dafür mit fünf Siegen der am häufigsten ausgezeichnete Künstler und mit 16 Nominierungen zugleich ebenfalls der am häufigsten nominierte.
- Tamee Harrison ist mit fünf Nominierungen die am häufigsten nominierte sieglose Künstlerin und teilt das Schicksal mit Wolfgang Ambros, der mit sechs Nominierungen der am häufigsten nominierte sieglose Künstler ist – abgesehen von dem Preis für sein Lebenswerk.
- Und Falco ist mit vier Nominierungen nicht nur der am häufigsten posthum nominierte Künstler, sondern mit vier Siegen auch der am häufigsten posthum ausgezeichnete ...

IM SPOTLIGHT: KURT SOWINETZ

Der Schauspieler Kurt Sowinetz hat im Laufe seiner Karriere einige LPs zwischen Wienerlied, Chanson, Blues und Couplet aufgenommen.
Nachhaltigen Eindruck hinterließ er aber mit der Wienerischen Version der Beethoven-Symphonie »Freude schöner Götterfunken«, die von Wolfgang Teuschl auf »Alle Menschen samma zwider (i mecht's in die Goschn haun)« umgetextet wurde. 1972 erschienen, wurde das Lied ein Hit der gerade grassierenden Dialektwelle und findet sich folgerichtig auch auf einigen Austropop-Samplern.
Ironischerweise handelt es sich beim etwas optimistischeren Original seit 1972 um die Hymne des Europarates und seit 1985 auch um die offizielle Europahymne ...

SOUNDBITS DER ERINNERUNG: »SPRINGTIME«

mit »Mr. Captain« (1977), »Jingle me, jingle you« (1977), »Lady On The Motorbike« (1977) und »Mrs. Caroline Robinson« (1978)

ALLE VON CHRISTINA STÜRMER BEI STARMANIA GESUNGENEN LIEDER

Qualifikation:
»I'm Outta Love« (Anastacia)

1. Finalrunde
   »Take Another Little Piece Of My Heart« (Janis Joplin)
2. Finalrunde
   »Schöner fremder Mann« (Connie Francis)
3. Finalrunde
   »Torn« (Natalie Imbruglia)
4. Finalrunde
   »Hot Stuff« (Donna Summer)
5. Finalrunde
   »My Love Is Your Love« (Whitney Houston)
6. Finalrunde
   »Get The Party Started« (Pink)
7. Finalrunde
   »Alles anders« (Daisy) und
   »Ain't No Mountain High Enough« (Tammi Terrell & Marvin Gaye, Duett mit Teilnehmerin Niddl)
8. Finalrunde
   »Nothing Compares To You« (Sinéad O'Connor) und
   »Mit Dir« (»Freundeskreis«, Duett mit Teilnehmer Boris)
9. Finalrunde
   »I'm Gonna Getcha Good« (Shania Twain) und
   »The Look« (»Roxette«), (Duett mit Teilnehmer Michi)
10. Finalrunde
    »Hot Stuff« (Donna Summer)
    »Fire/Feia« (Englisch-deutsche-Version, Roy Orbison/Ostbahn Kurti)
    »Ein Kompliment« (»Sportfreunde Stiller«)

DIE 3 HANSIS

Anfang 1986 löste Hansi Orsolics mit »Mei potschertes Leb'n« einen gewissen Hansi »Falco« Hölzel mit »Jeanny« als Nummer 1 der Ö3-Charts ab. Dicht gefolgt wurden beide von einem weiteren Hans: Hans »Johann K.«. Krankl belegte zur gleichen Zeit mit »Lonely Boy« wochenlang die Nummer 2.

»DRAH DI, WABERL!«

Diese Aufforderung an eine Person weiblichen Geschlechtes, sich zu drehen, ist zugleich die Wienerische Bezeichnung für einen Kreisel.
Und der Name der wildesten und exzessivsten Band Österreichs, die in diesem Buch noch öfter Erwähnung findet.
Hier ein paar ungeordnete Fakten:

- »Drahdiwaberl« wurde 1969 gegründet, verschied dann sanft und wurde dann inspiriert durch die ersten Erfolge der »Hallucination Company« von Gründer, Chef und Godfather Stefan Weber reaktiviert.
- Anfangs bestand sie aus fünf Leuten, darunter einem Musiker.
- Zeitweise waren u. a. auch Robert Ponger, Heli Deinböck, Falco, Gottfried Helnwein und Jazz Gitti Mitglieder der Band.
- In ihren Shows verwenden sie mit Vorliebe alle nur erdenklichen (Körper-) Flüssigkeiten.
- Ihre Exzesse sind dabei nie ganz ernst zu nehmen, sondern mehr Parodie und Show.
- »Drahdiwaberl« waren auch international erfolgreich – mit Auftritten bis nach New York, das sie tatsächlich noch zu schocken vermochten.
- Als ihnen ein Auftritt in einem Londoner Lokal nach der Probe untersagt wurde, verlegten sie ihre Show auf die Oxford Street.
- 2005 bekam Stefan Weber das silberne Ehrenzeichen der Stadt Wien verliehen.
- 2005 erhielt Stefan Weber außerdem den Amadeus Award für sein Lebenswerk, auf den er sich prompt stilgemäß erbrach.
- 2008 gastierte die Band beim Wiener Life Ball.
- Nach dem frühen Undergroundfilm »Mulatschag« produzierten sie 2008 einen neuen Film mit dem Titel »Weltrevolution«.

Und eine Liste ihrer Studio-Alben (ohne Live-Alben und Sampler):

1981 »Psychoterror«
1982 »Mc Ronalds Massaker«
1983 »Werwolfromantik«
1986 »Jeannys Rache«
1994 »Sperminator«
2000 »Torte statt Worte«
2004 »Sitzpinkler«

HISTORISCHER ZWILLING

Georg Dänzer (1848 bis 1893) war Mitglied des legendären Schrammel-Quartetts, genauer gesagt der »Neuen Musikanten-Firma Gebrüder Schrammel, Dänzer und Strohmayer«, der er 1884 beitrat. Dänzer war einer der besten Gitarristen und Geiger der Wiener Volksmusik, ein versierter »Posthorn«-Bläser, außerdem der beste Klarinettist seiner Zeit und ungeschlagener Meister des »picksüßen Hölzls« (G-Klarinette).

EINIGE FAKTEN ZU DR. BUKOWSKI

- Boris Bukowski, in seiner Schulzeit Schlagzeuger einer Band, kann ein abgeschlossenes Jus-Studium vorweisen.
- Er wandte sich aber danach mit der Band »Magic« lieber der Musik zu – und wurde erst im Studio zufällig zu deren Sänger.
- 1985 produzierte er sein erstes Soloalbum selbst.
- Am bekanntesten ist er wohl für sein Psychiatrie-Lied »Euer Fritze mit der Spritze«, sein Jimi Hendrix Cover »Hey Joe« sowie »Fandango«, »Ich bin müde«, »Trag meine Liebe wie einen Mantel« und den Austropop-Evergreen »(Du bist wie) Kokain«.
- Er schreibt auch für andere Musiker und produzierte u. a. die ersten Alben der EAV und von STS.

SOUNDBITS DER ERINNERUNG: »SCHABERNACK«

... von »Misthaufen« (1975)

DAGGI IN THE HOUSE

Eigentlich hätte die Operetten- und Musical-Legende Dagmar Koller zumindest auf einigen ihrer Platten eh schon (internationalen) Pop und Chansons gesungen, aber spätestens seit sie von findigen Produzenten dazu animiert wurde, auch House-Musik zu machen (ihre Erstreaktion: »Hausmusik? Natürlich mach ich gerne auch Hausmusik«), steht ihr ein Eintrag in diesem Buch mehr als zu.

EIN WERK GEHT UM DIE WELT: OPUS

Wie man mit einem einzigen Lied nahezu die ganze Welt erobert und bis heute – aufgrund verstreuter Rechte an den Tantiemen – ein ganzes Dorf ernährt, zeigte 1985 die steirische Band »Opus« (lateinisch für »Werk«). Zwar war »Opus« insgesamt mit sieben Liedern in den österreichischen Charts vertreten, aber das Lied »Live Is Life« wurde zum Mega-Welterfolg – mit Spitzenpositionen in Chile, Venezuela, England und den USA (z. B.: Österreich #1, Deutschland #1, Frankreich #1, Schweden #1, Schweiz #2, Norwegen #2, England #6, USA #32). Die erste LP der schon 1973 gegründeten Band erschien 1980, ab 1981 stellten sich die ersten Erfolge ein (»Flyin' High«, 1982 Platz 5 in Österreich). Nach den ersten drei Alben beschloss die Band schließlich, eine Live-LP zu produzieren. Der Titel »Live Is Life« wurde dabei am Anfang gar nicht aufgenommen (weil das Band voll war) und erst bei der Zugabe mitgeschnitten. Ein Umstand, der auch das bereits euphorisierte Publikum und die leicht heisere Stimme des Sängers erklärt. Gerade diese Stimmung dürfte aber an dem Erfolg des Tracks einen großen Anteil gehabt haben.
Das Lied wurde mehrfach wieder aufgenommen und gecovert und war dabei jedes Mal ein großer Hit. Hier ein paar Beispiele:

- Opus: »The Power Of Live Is Life« (1994)
- DJ Ötzi und Hermes House Band: »Live Is Life (Here We Go)« (2002)
- Waterloo und Robinson: »Na Naaa Nanana (Live Is Life)« (2002)
- Opus feat. Jerry: »Live Is Life 08« (2008)

Das Lied ist nach dem »Harry Lime«-Thema aus dem Film »Der Dritte Mann« das erfolgreichste Lied aus Österreich.

SOUNDBITS DER ERINNERUNG: »OH! DARLING«

… von Etta Scollo (1988)

EINIGE NEUE ÖSTERREICHER IN STICHWORTEN: LUTTENBERGER*KLUG

Gegründet 2005, Frontfrauen: Michelle Luttenberger und Chrissi Klug. Mit »Heut Nacht« und »Weil es mich nur 1x gibt« in den österreichischen Charts sowie mit »Super Sommer« und »Vergiss mich« in den deutschen und österreichischen Charts, 2007 mit dem Amadeus Award in der Kategorie »Single des Jahres national« und 2008 in der Kategorie »Album des Jahres national« ausgezeichnet.

EINIGE HITS DER WORRIED MEN SKIFFLE GROUP

- »Glaubst I bin bled« (1970)
- »Da Mensch is a Sau« (1970)
- »Trottl kannst mi hassn« (1970)
- »Kauf a Zeitung« (1974)
- »I bin a Weh« (1975)

Zitat: »Waunst a Weh brauchst, ruaf mi au, wauns Telefon ned besetzt is oder i grad ned kau, weu i wem aundern den Trottel moch, kumm i eich eh, weu i bin a echtes Weh.«
Der erste Hit der Herren, »Glaubst i bin bled«, wurde übrigens von der Ö3-Sendung »Musicbox« produziert und populär gemacht. Gegründet hatte sich die Band bereits 1960 und sang bis 1965 auf Englisch. Die Gruppe »Worried Men Skiffle Group« war noch bis in die 90er-Jahre aktiv.

GREGORIANISCHER ERFOLG

Zum Zeitpunkt des Verfassens dieser Zeilen ist das Album »Chant-Music For Paradise« von »The Cistercian Monks Of Stift Heiligenkreuz« nicht nur auf Platz 1 der österreichischen Alben-Verkaufscharts, sondern stürmt weltweit die Hitparaden. Aber eben in den Pop- und nicht in den Klassik-Charts, also neben Amy Winehouse und Madonna.
Die Mönchsmusik fällt zwar nicht unter Austropop, ist aber ein weiterer internationaler Erfolg heimischer Musiker.
Die Zisterzienser selber meinen zu ihrem Welterfolg: »Im Grunde empfinden wir das ganze Getue um Charts als etwas oberflächlich ... Wir haben den Gregorianischen Choral gesungen, als sich noch niemand für uns interessiert hat; und wir werden ihn auch dann singen, wenn sich die Journalisten nicht mehr so sehr dafür interessieren ...«

— LEGENDEN DES AUSTROPOP: GEORG DANZER —

Georg Danzer, der 2007 verstorbene »intellektuelle Zwilling« von Wolfgang Ambros, hat eine derartige Fülle von beachtenswerten Werken und Taten hinterlassen, dass man ihm locker ein eigenes umfangreiches Buch widmen könnte – und sollte.
Hier, neben den vielen anderen Erwähnungen in diesem Buch, noch ein paar ergänzende Fakten:

- Danzers erster Erfolg »Tschick« sollte ursprünglich von dem Obdachlosen, von dem die Nummer handelt, selbst gesungen werden. Als das nicht klappte, sprang Danzer ein, blieb dabei allerdings – sehr lange Zeit – inkognito.
- Neben »Jö schau« haben es auch andere seiner Lieder wie »So a Dodl mid da Rodl« und »Hupf' in Gatsch« zu einer Art Volksliedstatus gebracht.
- Er war schon in seiner Frühzeit v. a. bei linken Studenten in Deutschland bekannt und beliebt.
- Danzer studierte Philosophie und Psychologie; sein Liedtext »Die Freiheit« von 1979 wurde in mehreren Schulbüchern abgedruckt und wird auch als Text in Kursen für ausländische Deutschlernende verwendet.
- Noch vor seiner Solokarriere textete er ab 1970 für bereits etablierte Sänger wie Marianne Mendt, Margot Werner, Erika Pluhar, André Heller, Wolfgang Ambros und Wilfried.
- 1971 war er für kurze Zeit Mitglied und Sänger der Dialekt-Band »The Madcaps« und schrieb auch einige ihrer Lieder (»Schneemensch«, »Sommer is« und »John Wayne«).
- Nachdem er nach einer langen und erfolgreichen Karriere am 21. Juni 2007 den Kampf gegen den Lungenkrebs verloren hatte, wurde er am nächsten Tag, seinem Wunsch entsprechend, still und heimlich in St. Pölten eingeäschert. Seine Asche wurde am 20. Juli 2007 vor der Küste Mallorcas dem Meer übergeben. Auf ein Ehrengrab der Stadt Wien hatte er bereits zuvor verzichtet.
- Sein letzter Wunsch an die Plattenfirmen war, nach seinem Tod keine »Best of Danzer«-Alben zu produzieren, sondern lieber alle seine Alben im Katalog und Handel lieferbar zu halten.

— SOUNDBITS DER ERINNERUNG: »ROMEO UND JULIA« —

... von Carl Peyer

IM SPOTLIGHT: MARIANNE MENDT

Marianne Mendt, Sängerin einer der Geburts-Singles des Austropop (»A Glock'n, die 24 Stunden läut'), war und ist neben ihrem anderen Beruf, der Schauspielerei, stets als Musikerin aktiv.

»Die Mendt« hat eine musikalische Ausbildung, war für Österreich beim Soncontest, ist anerkannte Jazzerin ...

Hier ein paar Fakten zu der Grande Dame des Austropop:

- Schon vor 1970 tingelte sie mit ihrer Band »The Internationals« durch Europa, als Sängerin und Bassistin(!).
- 1970 »entdeckte« Kabarettist und Komponist Gerhard Bronner sie und verfasste für sie einen Text zu der Kennmelodie seiner Fernsehsendung »Die Große Glocke« (Musik: Hans Salomon) – im Auto, auf dem Weg zum Studio, in ein Diktiergerät, weil er den Termin vergessen hatte.
- Das Lied wird bis heute international gespielt oder aufgelegt, etwa, wie ein Zeuge berichtet, bei Northern-Soul-Clubbings in England.
- Neben der »Glock'n« sind »Komm, alter Pianospieler«, »Musik« und der »Kaisermühlen-Blues« die wahrscheinlich bekanntesten Lieder von Marianne Mendt.

EINIGE SINGENDE LEHRER

Reinhold Bilgeri – Geografie, Philosophie, Deutsch und Psychologie
Stefan Weber – Werkerziehung und bildnerische Erziehung

EINIGE SINGENDE SCHAUSPIELERINNEN

... bzw. schauspielernde SängerInnen

- Maria Bill
- Lukas Perman
- Rainhard Fendrich
- Dana Gillespie
- Alexander Goebel
- Ludwig Hirsch
- Marianne Mendt
- Günter »Mo« Mokesch
- Wilfried

DER OSTBAHN-KURTI-WILLI-RESETARITS-KOMPLEX

Das ist gar nicht so leicht, die Sache mit dem Ostbahn Kurti. Details sind daher bitte bei einem OK-Fan Ihres Vertrauens zu erfragen oder auf einschlägigen Websites nachzulesen.

Die Kurzfassung lautet: Der Ostbahn Kurti, auch Dr. Kurt Ostbahn geheißen, ist eine Kunstfigur mit einer fiktiven Biografie, die, wenn überhaupt in Fleisch und Blut zu fassen, zu 50 Prozent aus dem Texter Günter Brödl und zu weiteren 50 Prozent aus dem Musiker und Sänger Willi Resetarits bestand. Seit 2003, infolge des Todes von Günter Brödl (2000), tritt Resetarits deswegen auch nicht mehr (abgesehen von bestimmten Ausnahmen) als Ostbahn Kurti auf.

Resetarits ist also NICHT mehr der Ostbahn Kurti. Außerdem war er schon lange davor erfolgreicher Musiker bei u. a. den »Schmetterlingen« und ist es auch heute wieder unter seinem eigenen Namen.

Dennoch zählten die Jahre als »OK« mit der »Chefpartie« sicher zu den erfolgreichsten seiner Karriere. Vier Chart-Hits und an die 20 Alben sprechen eine deutliche Sprache.

Es gibt aber auch eine ganze Reihe von Ostbahn-Kurti-Krimis, die von Günter Brödl unter diesem Pseudonym verfasst wurden, sowie von Günter Brödl als Ostbahn Kurti ins Wienerische übersetzte Asterix-Alben.

Die Comic-Cover und beigelegten Ostbahn-Comics wurden übrigens von dem Comic-Zeichner sowie Fetisch- und S/M-Fotografen Ronald Putzker gestaltet.

Willi Resetarits ist heute neben seiner wiederbelebten Radiosendung »Trost und Rat« (sonntags auf Radio Wien) bei verschiedenen Projekten zwischen deutschen und kroatischen Volksliedern, englischsprachigem Blues und R&B sowie Wienerliedern aktiv.

Bekannt ist Resetarits außerdem als Gründer und Förderer des Wiener Integrationshauses. Für dieses Engagement erhielt er u. a. folgende Auszeichnungen:

1997 Bruno-Kreisky-Preis für Verdienste um die Menschenrechte
2000 Josef-Felder-Preis für Gemeinwohl und Zivilcourage
2003 Karl-Renner-Preis

SOUNDBITS DER ERINNERUNG: »REFLECTION«

... von Bobbie Singer (1999)

IM SPOTLIGHT: GOLDIE ENS

Goldie Ens, eigentlich Ursula Polster, später Bratschko, aus Kapfenberg setzte in den 70er-Jahren mit Liedern wie »Goodbye Joe« oder »(Dance, Dance, Dance) Disco Baby« gefördert durch ihren Mentor Lance Lumsden an, ein – sogar internationaler – Popstar zu werden.
Doch die ehemalige steirische Jugendmeisterin im Kraulschwimmen, die Klavier und Gitarre spielt und es sogar zu einer eigenen Sendung von TV-Legende Heinz Fischer-Karwin (»Ihr Auftritt bitte«) brachte, gab, so Lumsden, zu früh auf.
Sie wandte sich anderen Dingen zu und war, laut der Zeitschrift »H.O.M.E.«, »20 Jahre lang die ungekrönte Design-Lady Wiens« und »ihr [Geschäft] ›Silenzio‹ das Mekka für Designliebhaber.«

EINIGE ANONYME SONG-CONTEST-TEILNEHMER

Für die österreichischen Teilnehmer des Eurovision Song Contest komponierten und/oder texteten u. a.:

- Robert Stolz (Operettenkönig)
- Peter Wehle (Kabarett-Legende)
- Thomas Hörbiger (Texter und Sohn von Paul Hörbiger)
- Richard Schönherz
- Peter Wolf
- André Heller
- Heli Deinböck
- Michael Kunze (u. a. Autor von »Elisabeth«)
- Peter Cornelius
- Stefanie Werger
- Dieter Bohlen
- Mario Bottazzi (EAV)
- Christian Kolonovits
- Thomas Spitzer (EAV)
- Brunner & Brunner

Alle Teilnehmer, Liedtitel, Autoren, Komponisten und Platzierungen

Jahr	Titel	Interpret	Platz
1957	Wohin, kleines Pony?	Bob Martin	10
1958	Die ganze Welt braucht Liebe	Liane Augustin	5
1959	Der k.u.k. Kalypso aus Wien	Ferry Graf	9
1960	Du hast mich so fasziniert	Harry Winter	13
1961	Sehnsucht	Jimmy Makulis	15
1962	Nur in der Wiener Luft	Eleonore Schwarz	13
1963	Vielleicht geschieht ein Wunder	Carmela Corren	7
1964	Warum nur, warum?	Udo Jürgens	6
1965	Sag ihr, ich lass sie grüßen	Udo Jürgens	4
1966	Merci, chérie	Udo Jürgens	1
1967	Warum es Hunderttausend Sterne gibt	Peter Horten	14
1968	Tausend Fenster	Karel Gott	13
1969	*Auf Teilnahme verzichtet*		
1970	*Auf Teilnahme verzichtet*		
1971	Musik	Marianne Mendt	16
1972	Falter im Wind	Milestones	5
1973	*Auf Teilnahme verzichtet*		
1974	*Auf Teilnahme verzichtet*		
1975	*Auf Teilnahme verzichtet*		
1976	My little World	Waterloo & Robinson	5
1977	Boom Boom Boomerang	Schmetterlinge	17
1978	Mrs. Caroline Robinson	Springtime	15
1979	Heute in Jerusalem	Christina Simon	18
1980	Du bist Musik	Blue Danube	8
1981	Wenn du da bist	Marty Brem	17
1982	Sonntag	Mess	9
1983	Hurricane	Westend	9
1984	Einfach weg	Anita	19
1985	Kinder dieser Welt	Gary Lux	8
1986	Die Zeit ist einsam	Timna Brauer	18

1987	Nur noch Gefühl	Gary Lux	20
1988	Lisa, Mona Lisa	Wilfried	21
1989	Nur ein Lied	Thomas Forstner	5
1990	Keine Mauern mehr	Simone	10
1991	Venedig im Regen	Thomas Forstner	22
1992	Zusammen geh'n	Tony Wegas	10
1993	Maria Magdalena	Tony Wegas	14
1994	Für den Frieden der Welt	Petra Frey	17
1995	Die Welt dreht sich verkehrt	Stella Jones	13
1996	Weil's dr guat got	George Nussbaumer	10
1997	One Step	Bettina Soriat	21
1998	*Relegiert*		
1999	Reflection	Bobbie Singer	10
2000	All To You	The Rounder Girls	14
2001	Relegiert		
2002	Say A Word	Manuel Ortega	18
2003	Weil der Mensch zählt	Alf Poier	6
2004	Du bist	Tie Break	21
2005	Y'asi	Global Kryner	20 (nur Semi-final-teilnah-me)
2006	*Auf Teilnahme verzichtet*		
2007	Get A Life – Get Alive	Eric Papilaya	27 (nur Semi-final-teilnah-me)
2008	*Auf Teilnahme verzichtet*		

Außerdem nahm 1977 die Österreicherin Penny McLean mit der Disco-Gruppe »Silver Convention« und dem Lied »Telegram« für Deutschland am Eurovision Song Contest teil und erreichte den 8. Platz.

LEGENDEN DES AUSTROPOP: DJ ÖTZI

DJ Ötzi, eigentlich Gerry Friedle, ist eine ganz besondere Ausnahme innerhalb der an Ausnahmen nicht armen Austropop-Szene. Neben Falco und »Opus« gehört er zu den ganz wenigen international bekannten Top-Acts aus Österreich und kann weltweit erstaunliche Chart-Platzierungen vorweisen.
Hier ein kleiner Word-Rap zu DJ Ötzi:

- Er hat über 16 Millionen CDs weltweit verkauft und ist damit einer der erfolgreichsten deutschsprachigen Künstler überhaupt.
- »Anton aus Tirol« hielt sich 75 Wochen in den österreichischen Charts, bekam Dreifach-Platin (ebenso in Deutschland) und erreichte mit Platz 2 und 3 in den Niederlanden und Dänemark auch das fremdsprachige Ausland.
- Knapp vor seinem Erfolg lebte er teilweise auf der Straße und überwand eine Hodenkrebs-Erkrankung.
- Das Cover des Bruce-Channel-Hits aus dem Jahr 1961 »Hey Baby« brachte ihn im Jahr 2000 auch in England und Australien auf Platz 1 und in weiteren 20 Ländern in die Charts. In England erreichte er damit als erster Österreicher Gold und Platin.
- Seine Tochter Lisa-Marie ist nach der Tochter von Elvis Presley benannt.
- 2002 coverte er mit der »Hermes House Band« den »Opus«-Hit »Live Is Life«, was hierzulande kaum wahrgenommen wurde, aber in vielen Ländern ähnlich erfolgreich war wie »Hey Baby«. Allein in Frankreich verkaufte er 800 000 CDs des Liedes.
- Sein »Burger Dance« war 2003 zwar ebenfalls wieder ein Nummer-1-Hit, wurde aber z. B. in Deutschland von allen Musiksendern boykottiert. Das Lied basiert eigentlich auf einem Kinderlied namens »A Ram Sam Sam«, wurde aber mittlerweile selbst zum Kinderlied-Hit: In einer der ersten Szenen des Fast-Food-kritischen Filmes »Super Size Me« sieht man eine Gruppe von Kindergartenkindern, die das Lied mit ihren Betreuerinnen singen.
- 2005 nahm er als Kandidat an der RTL-Fernsehshow »Teufels Küche« teil, ein Reality-Format mit Raus-Voten, in der zehn Prominente in einer Spitzen-Gastronomie-Küche schuften mussten. Hier erreichte er nicht die Top 3 (1. Patrick Lindner, 2. Jenny Elvers-Elbertzhagen 3. Karl Dall).
- Seine Cover-Version des in allen Pauschal-Clubs sämtlicher Urlaubsregionen in deren jeweiligen Kinder-Discos gespielten Liedes »I Am the Music Man« erreichte 2006 die Nummer 1 der japanischen Charts.

- Sein Album »Sternstunden«, und hier v. a. das Lied »Ein Stern (der deinen Namen trägt)« mit Nik P., ist inzwischen so etwas wie ein Rekordhalter unter seinen Rekorden:
  - Das Lied war Nummer 1 in Deutschland und Österreich; in Deutschland 12 Wochen lang.
  - ... erreichte Platz 1 der Jahrescharts in Österreich, Deutschland und der Schweiz.
  - ... erhielt Doppel-Platin in Deutschland und Österreich.
  - ... brach im Januar 2008 in Deutschland einen seit fast 50 Jahren gehaltenen Rekord eines anderen Österreichers: Mit 41 Wochen in den deutschen Single-Top-10 übertrumpfte er das Lied »Die Gitarre und das Meer« von Freddy Quinn (36 Wochen, 1959).
  - ... ist in Österreich die meistverkaufte Single der Chart-Geschichte.
  - Eine zusätzliche Balladen-Version des Hits schaffte es ebenfalls in die Charts (Schweiz: Platz 3).
  - Das Album erhielt Platin in Deutschland und Österreich.
- 2007 brach er mit 4000 Autogrammen für sein Sternstunden-Album den »Guiness Book of Records«-Eintrag für signierte Alben.
- In einem TV-Interview bemerkte Gerry Friedle 2006, glaubhaft und uneitel, dass er sich selbst gar nicht als Pop-Star fühle.

EINIGE NEUE ÖSTERREICHER IN STICHWORTEN: MONDSCHEINER

Gegründet 2002, Frontman: Manuel Rubey. Mit »Das was wir sind«, »Mittendrin« und »Dieser Tag« in den österreichischen Charts vertreten. 2007 mit dem »Amadeus Award« in der Kategorie »Newcomer des Jahres national« ausgezeichnet.
Manuel Rubey spielte in dem Film »Verdammt, wir leben noch!« die Hauptfigur Falco, die Band tritt in dem Film in der Rolle der »Hallucination Company« auf.

NACHHALTIGE ONE-HIT-WONDERS: CONTACT

»Contact« war mit »Schwarze Madonna (bitte hol mich aus dem Koma)« (1987), immerhin eine Woche lang Nummer 1 der Ö3-Charts (und erreichte Platz 3 der Verkaufscharts). Zwei weitere Singles, »Fata Morgana in der Wüste« und »Nur du«, sind aber nur Fans der Band bekannt.

GALAKTISCHE RÜSSELMÖPSE: GANYMED

Nicht jeder kennt sie, aber wer sie je gesehen hat, vergisst sie nie, die intergalaktische Disco-Combo mit den außerirdischen Gummimasken: »Ganymed«.

Die auffällig gestylte Band gehört auch zu den international erfolgreichsten aus Österreich und zu den wenigen, die auch der Disco-Welle einen Austropop-Stempel aufgedrückt haben. »It Takes Me Higher« (1978) wird von Kennern als »Disco Masterpiece« bezeichnet und verkaufte ca. 1 Million Singles in Europa. Weitere immer wieder gespielte Ohrwürmer waren und sind »Music Drives Me Crazy« (1978) und »Money Is Addiction« (1980). Dennoch löste sich die Band nach nur zwei Alben wieder auf.

Unvergesslich, wie bereits erwähnt, ihr Outfit, mit galaktischen Ganzkörper-Overalls und anonymisierenden Vollgummimasken, die sie die ersten Jahre ihres Bestehens weder auf der Bühne noch für die Presse lüfteten. Passend dazu hatten alle Bandmitglieder intergalaktische Namen wie Gronk, Wöhl, Zak, Pulsaria oder Fend. Übrigens war der Bassist bei ihren fünf letzten Konzerten … Falco.

FÜRSTENFELD XXL

In der LP-Version des STS-Hits »Fürstenfeld« besteht das langsame A-cappella-Vorspiel aus zwei Strophen statt einer. In der Single-Version fehlt die zweite, die u. a. ironisch Bezug auf den Titel »Cover of the Rolling Stone« von Dr. Hook nimmt.

Hier der »fehlende« Text zwischen »... auf den armen Steirerbuam« und »Wochenlang steh i scho do ...«:

»Der hat woll'n sei Glück probieren in der großen fremden Stadt
Hat glaubt, sei Musik bringt ihn auf's Rennbahnexpress Titelblatt
Aus der Traum, zerplatzt wie Seifenblasen, nix is blieb'n
Als wie a paar Schilling in sein Gitarrenkoffer drin.«

SOUNDBITS DER ERINNERUNG: ALEXANDER GOEBEL

mit u. a. »Einsamer Mann«, »Der nackte Wahnsinn«, »Sisyphus« (Platz 10 der Charts) und »Das Phantom der Oper« (mit Luzia Nistler – Platz 2 der Charts!)

SELTSAMER CHEF: FRANZ MORAK

Staatssekretär für Kunst und Medien der ÖVP-FPÖ/BZÖ-Regierungen; als Burgschauspieler und Personalvertreter konservativer Kämpfer gegen Claus Peymann; drastischer Rock-Punker gegen alles, insbesondere alle Autoritäten inklusive der katholischen Kirche. Wenn man die Biografie von Franz Morak rückwärts liest, mutet sie noch seltsamer an als ohnehin schon.

Ein paar Details:

- Sitzt er heute für die ÖVP im Parlament, hat er seinerzeit noch Schweinsköpfe mit der Motorsäge zerstückelt.
- Die von »Schock-Maler« Gottfried Helnwein gemalten LP-Cover machten beide gleichermaßen populär.
- Zwei seiner ursprünglich drei Alben schafften es immerhin in die österreichischen Charts.
- Morak war selbst gestrickter Kult zwischen »schneeweißem New-Wave-Schizo-Punk« und »billigem, billigem Rock'n'Roll« – wenn auch nur für kurze Zeit.

Vielleicht liegt das Geheimnis in seiner eigentlichen Identität als Schauspieler. Damals spielte er die Rolle des Punks und heute – wie auch aus eigenen Gesinnungskreisen verlautet – die Rolle des konservativen Politikers. Mit gleicher Überzeugung und gleich überzeugender Leistung.

Übrigens: In einem Interview schloss Franz Morak eine zukünftige Rückkehr zur Musik nicht gänzlich aus.

DREIMAL KURZ GELACHT

»Jolly Friends« – »Russkaja« – »Das Balaton Combo«

EINIGE SINGENDE TÖCHTER SINGENDER ELTERN

Timna Brauer (singender Vater: Arik Brauer)
Ruth Brauer (singender Vater: Arik Brauer)
Sandra Kreisler (singende Eltern: Georg Kreisler/Topsy Küppers)
Shlomit Butbul (singende Mutter: Jazz Gitti)

LEGENDEN DES AUSTROPOP: STEFANIE WERGER

Es ist zu befürchten, dass eine geniale Künstlerin wie Stefanie Werger heute – in einer Zeit der Casting-Shows und gehypten Popstars – kaum mehr eine Chance (auf einen Plattenvertrag) hätte. Was wirklich schade wäre, denn gerade »die Werger« schenkte dem Austropop eine ganze Reihe von unvergesslichen Liedern und Texten, die sie selbst interpretierte, aber auch für andere verfasste.
Hier ein kurzer Word-Rap zu Stefanie Werger:

- Darauf angesprochen, dass sie eine Chansonette sei, antwortete Werger: »Na, i bin a Rock-Viech!«
- Werger brillierte sowohl mit einfühlsamen Balladen wie »I wü di g'spürn« als auch mit Deftig-Humorigem à la »Rund und gsund«.
- Gerade mit einem Song der letzten Kategorie, »Flamenco Turistico«, erreichte sie ihre höchste Chart-Platzierung in den österreichischen Verkaufscharts (Platz 2).
- Mit ihren elf Studio und drei Live-Alben erlangte sie neben anderen Auszeichnungen sechs Mal Platin.
- Zu den beliebtesten Titeln der Künstlerin zählen: »Sommer«, »Stoak wie a Felsen«, »I bring kan' Hillybilly z'samm'« und »Sog, es wird später«.
- Sie macht noch immer Musik, teilweise gemischt mit Kabarett, wie in ihrem aktuellen Programm »50 plus – Gnadenschuss?«.
- 2003 gewann sie den Amadeus in der Kategorie »Künstlerin Pop/Rock national«.
- Stefanie Werger ist auch als Buchautorin erfolgreich und erhielt sowohl für »Wer spricht hier von Diät?« als auch »Am Anfang war die Liebe« das »Goldene Buch« des österreichischen Buchhandels.

EINIGE NEUE ÖSTERREICHER IN STICHWORTEN: SHESAYS

Gegründet 2003, Frontfrau: Gudrun Liemberger. Mit »Rosegardens«, »SheSays«, »Open Your Eyes«, »Save Me« und »Tear Me Down« waren sie in den österreichischen Charts vertreten, wobei »Rosegardens« Platz 2 schaffte. Ihr Album »SheSays« erreichte sogar Platz 1 der Charts.
2006 waren »SheSays« für zwei Amadeus Awards nominiert und gewannen ihn schließlich in der Kategorie »Newcomer des Jahres national«.

TOP TEN DER SONG-CONTEST-VERLIERER NACH ERZIELTEN PUNKTEN

1. (0 Punkte)
Thomas Forstner: »Venedig im Regen« (1991)
Eleonore Schwarz: »Nur in der Wiener Luft« (1962)
Wilfried: »Lisa, Mona Lisa« (1988)

4. (1 Punkt)
Jimmy Makulis: »Sehnsucht« (1961)

5. (2 Punkte)
Karel Gott: »Tausend Fenster« (1968)
Peter Horten: »Warum es Hunderttausend Sterne gibt« (1967)

7. (3 Punkte)
Bob Martin: »Wohin, kleines Pony?« (1957)

8. (4 Punkte)
Eric Papilaya: »Get A Life – Get Alive« (2007 – Vorrunde)
Ferry Graf: »Der k. u. k. Kalypso aus Wien« (1959)

10. (5 Punkte)
Christina Simon: »Heute in Jerusalem« (1979)
Anita: »Einfach weg« (1984)

BOHLEN RECYCLET

1992 nahm Tony Wegas mit dem Lied »Zusammen geh'n« am Song Contest teil. Was wenige wissen: Das Lied wurde von Deutschlands Multi-Komponisten und Polter-Popstar Dieter Bohlen komponiert. Die Melodie dürfte ihm jedenfalls gefallen haben, verwendete er sie doch praktisch unverändert 2003 für den Gruppensong der Teilnehmer der RTL-Casting-Show »Deutschland sucht den Superstar«. Mit dem nunmehr englischen Text erreichte der Song »We Have A Dream« die Nummer 1 der deutschen Charts und war vom 13. Januar bis zum 17. Februar 2003 die meistverkaufte Single Deutschlands.

LEGENDEN DES AUSTROPOP: LUDWIG HIRSCH

Ludwig Hirsch ist neben seinem Beruf als Schauspieler der wohl führende Chansonnier und Märchenerzähler unter den Liedermachern der österreichischen Popszene. Seine Lieder sind angesiedelt zwischen ganz schwarz (oder besser: dunkelgrau) und sehr einschmeichelnd.
Hier ein paar vermischte Facts über Ludwig Hirsch:

- Obwohl er schon in der Schulzeit bei einer Rockband (»The Clan«) mitspielte, besuchte er zuerst die Höhere Graphische Lehr- und Versuchsanstalt, jobbte u. a. in einem Architekturbüro, lebte ein Jahr als Gammler auf der Straße und wandte sich dann höchst erfolgreich der Schauspielerei zu (nach dem Besuch der Schauspielschule Krauss).
- Er ist gebürtiger Steirer. Seine Mutter tanzte noch kurz vor seiner Geburt »Sautanz«, als es dann so weit war, wurde sie von der Hebamme nach alter Tradition mit Schmalz eingeschmiert, das der neugeborene Ludwig angeblich gleich als Erstes abgeleckt haben soll. Hirsch später dazu: »Ich war eben von Geburt an Genießer.«
- Seine ersten Platten schwanken zwischen Provokantem (»Spuck den Schnuller aus«) und Dunklem (»I lieg am Ruckn«), erst viel später schrieb und sang er so etwas wie »leichte Muse« (z. B. »Gel', du magst mi«).
- »Komm, großer schwarzer Vogel« wurde und wird in Deutschland sehr erfolgreich durch den Chansonnier Tim Fischer interpretiert.
- Für Ö3 moderierte er eine Weile die Sendung »Siesta«.
- »Spuck den Schnuller aus« passte er später etwas der politischen Correctness an, indem er die Referenz auf die sexuellen Vorlieben von Rudolf Nurejew strich.
- Der Titel zum Album »Dunkelgraue Lieder« stammt vom Wiener Schriftsteller Hans Weigel und ist als Farbe sozusagen eine Mischung zwischen der schönen blauen Donau und schwarzem Humor.
- (Vermutlich nicht nur) bei einem Open-Air-Auftritt mit dem Arnold-Schönberg-Chor änderte er die Textzeile in »Gel', du magst mi« von »Ich hab Knoblauch 'gessen heut« auf »I hob Knofl g'fressen heut«.
- Zuletzt noch ein besonders beeindruckender Liedanfang: »Du host kann Wosserschädel, und du scheanglst ned, du bist ned z'moger und ned z'blad, du hinkst ned, stinkst ned und host a kane Kretzn am Kopf und trotzdem tuast ma unglaublich lad, und trotzdem tuast ma unglaublich lad – weu du host die valiebt, ausgerechnet in mi!«

HELLER-ZUCKERL

Es kommt manchmal vor, dass die Parodie das Original überschattet. Einer dieser Fälle ist wohl die André-Heller-Parodie »Es wird Heller« von der EAV, die irgendwie mehr nach Heller klingt als Heller selbst und auch eher im Ohr haften bleibt als manche seiner Original-Lieder.
Übrigens wurde die Nummer von STS-Mitglied Schiffkowitz, der wie seine Kollegen früher öfter mit der EAV unterwegs war, getextet, ko-komponiert und anfangs auch vorgetragen. Sie findet sich auf der LP »Spitalo Fatalo« an der auch die STS-Mannen Gert Steinbäcker und Günter Timischl sowie Boris Bukowski (»Marschtrommel«) und Wilfried (»Händeklatschen«) mitwirkten.

SOUNDBITS DER ERINNERUNG: »REG I ... (ÜBA SOWAS REG I MI DO GOA NET AUF)«

... von Werner Müller (1981)

FIRST GENERAL UNINSURANCE

Nicht nur von »Ba-Ba-Banküberfall (das Böse ist immer und überall)« existiert eine (einigermaßen bekannte) schöne und von der EAV selbst gesungene englische Version (»Ba-ba-bank robbery / No money for nothing for Woofy and me«), sondern auch von »Ding-Dong«, inklusive auch optisch (z. B. Beschriftungen) ins Englische übertragenem Video.

EH SEHR BEKANNT, ABER EINFACH SCHÖN

Tamee Harrison ist eine entfernte Enkelin von Casanova.

VOULEZ-VOUS, GILLA?

Die Österreicherin Gilla, eigentlich Gisela Wuchinger, war Mitte der 70er-Jahre eine deutsch singende Disco-Queen mit leicht anrüchigem Image. Was wohl an der Titelwahl ihres Produzenten Frank Farian lag: Mit »Willst du mit mir schlafen gehn«, »Ich brenne«, »Tu' es« oder »Zieh' mich aus« erzielte sie einige Chart-Erfolge in Deutschland und Österreich.

KUNST DER AUSLASSUNG

Die Doppel-LP zum 1973 anlässlich der Wiener Festwochen aufgeführten Ambros-Danzer-Musical »Fäustling – Spiel in G«, zu der auch Jazz-Kunst-Legende Uzzi Förster sein Lied »Utrilitten« beisteuerte, hat nur drei bespielte Seiten.

EINIGE VON Ö3 GEFEATURTE NEUE ÖSTERREICHER

Christina Stürmer
Eric Papilaya
Excuse Me Moses
Herbstrock
Leo
Luttenberger*Klug
Madita
Mario Lang
Mondscheiner
Morton
PBH Club
SheSays
Shiver
Valérie Sajdik
Vera
Zweitfrau

SOUNDBITS DER ERINNERUNG: »BE MY FRIEND«

... von »No Bros« (1982)

EINIGE MEHR ODER WENIGER KONSEQUENTE FLINSERLTRÄGER*

- Hansi Lang
- Wolfgang Ambros
- Georg Danzer
- Wilfried
- Thomas Spitzer
- Klaus Eberhartinger

* Flinserl: Ohrstecker, der vom Mann, meist einseitig, getragen wird

GEWICHTIGES CAMEO

Im EAV-Video »Afrika (ist der Massa gut bei Kassa)« spielt auch Catcher-Legende und Kurzzeit-Austropopper Otto Wanz mit.

ELEGISCHE NEW-WAVE-SOUNDTEPPICHE: GANDALF

Gandalf, der elegische Soundteppichweber, gehört zu den international erfolgreichsten österreichischen Musikern der Gegenwart, wenn sich sein Schaffen auch etwas außerhalb des Pop-Bereichs und damit auch der Charts bewegt.

1952 als Heinz Strobl in Pressbaum geboren, ist Gandalf sowohl Komponist als auch Produzent und spielt als Musiker u. a. folgende Instrumente: akustische und elektrische Gitarre, Sitar, Saz, Charango, Bouzouki, Balaphon, Piano, Synthesizer, Keyboard und Percussion.

Hier die Liste seiner Alben:

1981: Journey To An Imaginary Land
1982: Visions
1983: To Another Horizon
1983: More Than Just A Seagull
1984: Magic Theatre
1985: Tale From A Long Forgotten Kingdom
1987: The Universal Play
1987: From Source To Sea
1987: Fantasia – The Best Of
1989: Invisible Power
1990: Labyrinth (Soundtrack)
1990: Symphonic Landscapes
1991: Reflection (1986–1990)
1992: Gallery Of Dreams
1992: The Stones Of Wisdom
1994: To Our Children's Children
1994: Colours Of The Earth
1995: Echoes From Ancient Dreams
1996: The Shining
1996: Gates To Secret Realities
1997: Barakaya: Trees Water Life
1999: Into the Light
1999: Samsara
2000: Visions 2001
2002: The Fountain Of Secrets
2003: Between Earth And Sky
2004: Colors Of A New Dawn
2005: Der Prophet
2006: Sacred River
2007: Lotus Land

IM SPOTLIGHT: ANDY BAUM

Andy Baum galt und gilt als einer der begabtesten Musiker der österreichischen Popszene. Den ganz großen Durchbruch schaffte er aber trotz einiger großer Hits wie »Still Remember Yvonne« und »Slow Down«, ein Lied, das seine ganze Stimmgewalt perfekt demonstriert, nicht.
Schon vor 1980 war er mit seiner Band »Stonehenge« erfolgreich und ging nach einem gewonnenen Bandwettbewerb in Liverpool mit ihr als erste österreichische Band in England auf Tournee. Heute arbeitet er u. a. als Filmkomponist.

IN DER WANNE MIT RUDI

John Lennon und Yoko Ono gaben Interviews im Bett und unter der Dusche – was lag also für TV-Filmer Rudi Dolezal näher, als die Sängerin Dana Gillespie Anfang 1979 in der Badewanne zu interviewen? Beide in der Badewanne. Und Schaumbad, versteht sich. Gut 20 Jahre später nutzte Dolezal dieses Ambiente in seiner Doku »Weltberühmt in Österreich – 50 Jahre Austropop« erneut für ein Interview mit der Sängerin.

SOUNDBITS DER ERINNERUNG: »SISTER SOUL & MR. BEAT«

... von »Beat4Feet« (1991)

ALLE (TV)-FILME MIT RAINHARD FENDRICH

»Coconuts« (1985)
»Fröhlich geschieden« (1997, mit Helmut Fischer)
»Geliebte Gegner« (1998, mit Peter Weck)
»Die Ehre der Strizzis« (1999, mit Peter Weck)
»Das Mädchen aus der Torte« (1999, mit Peter Weck)
»Eine Insel zum Träumen Koh Samui« (2001, mit Ottfried Fischer)
»Gefühl ist alles« (2005, mit Elfi Eschke)
»SOKO Donau« (2006)

EINIGE WEISHEITEN DES AUSTROPOP

- »Net alles, was an Wert hat, muass a an Preis hob'n« (»A Mensch möcht i bleibn«, Wolfgang Ambros)
- »Mach nie die Tür auf, lass keinen rein! Mach nie die Tür auf, sei nie daheim!« (»Ding Dong«, EAV)
- »Wann'st Vertraun hast in die sölba, dann brauchst ka Versicherung« (»Für immer jung«, Ambros/Heller)
- »Wann'st dei Glück gerecht behandelst, dann valosst's di nie« (»Für immer jung«, Ambros/Heller)
- »Die wahren Abenteuer sind im Kopf, und sind sie nicht im Kopf, dann sind sie nirgendwo« (»Die wahren Abenteuer sind im Kopf«, André Heller)
- »Eine Soße mit Dill ist wie eine Soße ohne Dill, nur mit Dill« (»Il Pullover«, Mäuse; u. a. Tex Rubinowitz)
- »Geld kann gar nie so wichtig sein« (»Großvater«, STS)
- »Das Böse ist immer und überall« (»Banküberfall«, EAV)
- »Gott denkt in den Genies, er träumt in den Dichtern und er schläft in den übrigen Menschen« (»Es wird Heller«, EAV)

HOLLYWOOD LIVES ON

Die Geschichte eines der Evergreens sowie Welthits des Austropop, »(Good Old) Hollywood (Is Dying)«, ist reich an Kuriositäten. Die von Waterloo & Robinson performte Nummer wurde 1974 von Musik-Allrounder Christian Kolonovits an nur einem Abend geschrieben und getextet. Auf der Aufnahme spielt er auch Klavier. Daneben sind neben echten Streichern auch noch Kurt »Supermax« Hauenstein am Bass und als Chor »Die Schmetterlinge«(!) zu hören.

»Hollywood« wurde in 70 Ländern zum Hit, hielt sich acht Monate in den Top Ten in Brasilien, es gibt u. a. eine spanische Version, eine rückübersetzte deutsche (»Hollywood von gestern«) und eine neu getextete englische (»Midnight Movie«). Die Single wurde 3,5 Millionen Mal verkauft, ein Rekord, der erst von Falco gebrochen wurde.

Gern erzählt Produzent Peter Müller auch folgende Anekdote: Als die Nummer in England erscheinen sollte, forderte die englische Plattenfirma das 16-Spur-Original-Masterband an. Nur gab es so etwas nicht. Das ganze Lied wurde wie in Österreich damals üblich auf einem simplen Zweispur-Tonband (alias Revox) aufgenommen, was der verblüffte Engländer schlicht nicht glauben wollte.

LEGENDEN DES AUSTROPOP: MARIA BILL

Die Zeit, in der die Schauspielerin Maria Bill in der österreichischen Popszene an vordester Front mitgemischt hat, war in Jahren bemessen eher kurz. Aber dafür war »die Bill« in jener Zeit eine der »Major Players«.
Nicht nur, dass ihre Stimme hervorragend und auf ihre Weise einzigartig war (und ist), »die Bill« gehört auch zu jenen Performern, die den größten Teil ihrer Lieder selbst schreiben und komponieren.
Hier ein kleiner Word-Rap zu Maria Bill:

- Sie wuchs in der Schweiz in einem Kinderdorf auf, in dem ihr Vater arbeitete.
- Seit 1978 lebt und arbeitet sie in Wien, wo sie auch verheiratet ist.
- 1983 veröffentlichte sie ihre erste Platte, »Maria Bill«, die sie mit Multiproduzent Christian Kolonovits aufnahm.
- Ihr Top-Hit »I mecht landen« handelt, wie sie sich in der TV-Dokumentation »Weltberühmt in Österreich« outete, von Kolonovits, in den sie sich während der gemeinsamen Arbeit verliebte. Kolonovits wusste nichts davon, bis er ebenfalls bei einem Interview zu dieser TV-Doku damit konfrontiert wurde.
- Auch Chansons von Edith Piaf, für deren Darstellung auf der Bühne sie die Kainz-Medaille erhielt, und Lieder von Jacques Brel gehören zu ihren Stärken und ihrem Repertoire.
- In den Jahren 2002 und 2005 war sie für je einen Amadeus Award nominiert, 2002 in der Kategorie »Jazz/Blues/Folk-Album des Jahres national« für das Album »Bill singt Brel« und 2005 in derselben Kategorie für ihr Album »Jung & Schön«.
- Sie spielte in den Jahren 1980–1982 in drei Folgen der TV-Serie »Kottan ermittelt« mit: In »Räuber und Gendarm« als Trixi/Rotkäppchen, in »Die Beförderung« als Gangsterbraut und in »Entführung« als Frau Weller. Weiters spielte sie im »Kottan«-Kinofilm »Den Tüchtigen gehört die Welt« mit (1982, Rolle: Elfi Kahlbeck).
- Ihr ironischstes Lied ist wohl der Song »Kaktus«.
- Von Bills größtem Hit »I mecht landen« existieren Coverversionen von Ostbahn Kurti und Nina Proll.
- Die Sozusagen-Konkurrentin von Maria Bill um den Titel der Austropop-Lady Nummer 1, Stefanie Werger, empfing Maria Bill einmal mit einem freundlich-frechen entgegengeschmetterten »I mecht so gern budern!«.

EINIGE SINGENDE SPORTLER

Hans Krankl
Toni Polster
Andreas Ivanschitz
Helge Payer
Marc Janko
Hans Orsolics
Herbert Prohaska
Walter Schachner
Toni Pfeffer
Annemarie Moser-Pröll
Franz Klammer
Hansi Hinterseer
Emmerich Danzer
Harry Gamauf
Toni Sailer
Karl Schranz
Das österreichische Fußballnationalteam von 1998

»SCHIFOAN«

Neben dem Status einer heimlichen Nationalhymne gibt es über das legendäre Lied von Wolfgang Ambros noch einiges anderes zu berichten. So wurde es als »Al mare« auf Italienisch gecovert – und von der Rock-Spaß-Combo »Alkbottle« zu »Schiffn« umgetextet, worüber Wolfgang Ambros nach eigenem Bekenntnis Tränen gelacht hat.

IM SPOTLIGHT: JACK GRUNSKY

Jack Grunsky ist ein kanadisch-österreichischer Musiker und Sänger, der in den 60er-Jahren einer der wenigen in Österreich auftretenden Künstler war, der so etwas wie internationalen Pop performte und damit und durch seine Vorbildwirkung zu einer Art Papa des Austropop wurde. U. a. komponierte er einen der ersten Hits von André Heller, »Catherine«. Seit 1974 lebt und arbeitet er aber wieder in Kanada.

KLEINER GROSSER PANDA-HIT

Anlässlich des Medienhypes um den im Wiener Zoo doch eher überraschend geborenen Großen Panda namens »Fu Long« beschloss Toni Knittel, der seit einer Weile unter seinem ehemaligen Bandnamen »Bluatschink« Kindermusik macht, ihn mit einer Art Hommage-Lied »Fu Long, kleiner Großer Pandabär« zu würdigen. Musikalisch harmlos überzeugt der Titel doch durch seinen Eröffnungsreim:
»FU LONG, kleiner Großer Pandabär/Deine ferne Heimat liegt in China/FU LONG, kleiner Großer Pandabär/Aber von Geburt an bist Du auch ein echter Wiener!«
sowie seinen Refrain:
»Dieser Bär – BRUMM, BRUMM/gefällt uns sehr – BRUMM, BRUMM/Er macht so schön BRUMM, BRUMM/im Tiergarten SchönBRUMM«.

MUSIK AUS DEM CONTAINER

Eher unbemerkt von der österreichischen Öffentlichkeit nahm im Jahr 2000 auch ein Österreicher namens Walter (Unterweger) an der zweiten Staffel der RTL-II-Voyeur-Sendung »Big Brother« teil. Beliebt bei Mit-Insassen (er sorgte sogar für eine gebrochenes Herz) und Publikum erreichte er Platz 4 der »Rausgevoteten«.
Im Zuge der Vermarktung der Kandidaten nahm auch Walter im Dezember 2000 eine Single mit dem Titel »Ich geh nicht ohne dich« auf, die immerhin Platz 3 der deutschen Singlecharts erreichte. Der Nachfolgesingle »Nie wieder hier« war dieser Erfolg nicht mehr beschieden. Dafür spielte Walter von 2001 bis 2003 in der ARD-Soap »Marienhof« (Rolle: Radiomoderator Michi Derflinger) mit und heiratete 2005 seine Schauspiel-Kollegin Henriette Richter-Röhl. 2006 promovierte er jedoch zum Dr.med. und lebt und arbeitet jetzt als Arzt in Berlin. Eine weitere Pop-Karriere ist daher eher auszuschließen.

SOUNDBITS DER ERINNERUNG: »HERE I AM«

... von Sandra Pires (1997)

EINIGE ZUGEREISTE AUSTROPOPPER

Alexander Goebel (D), *Lünen
Maria Bill (CH), *Trogen
Dana Gillespie (GB), *London
Marque (CH), *Altstätten

»COJDOJ«

1983 erschien eine von Tauchen, Prokopetz und den Humpe-Schwestern gesungene englisch-jiddische Version von »Codo« für die internationale Vermarktung, namens »Cojdoj – The Flying Schissel«. Diese Version in »Jinglisch« blieb aber weitgehend unbekannt.
Wie auch die »Codo«-Coverversion von Dirk Stermann und Christoph Grissemann aus dem Jahr 2000.

EINIGE GEBURTSNAMEN

Peter Alexander Ferdinand Maximilian Neumayer
Udo Jürgen Bockelmann (Udo Jürgens)
Rainhard Jürgen Fendrich
Richenda Antoinette de Winterstein Gillespie (Dana Gillespie)
Hans Hölzel (Falco)
Franz Heller (André Heller)
Wilfried Scheutz (Wilfried)
Johann Kreuzmayr (Waterloo)
Josef Krassnitzer (Robinson)
Davor Dujmic (Hansi Dujmic/Dew Mitch)
Gertrude Wirschinger (Penny McLean)
Hubert Achleitner (Hubert von Goisern)
Marcus Nigsch (Marque)

KRANKL, WEIHNACHTLICH

Obwohl es in der letzten Zeit etwas ruhig um den Sänger Johann K. geworden ist, hat der Nachtfalke das Singen nicht gänzlich aufgegeben. Unter anderem erschienen in den Jahren 2002 und 2003 jeweils zu Weihnachten Singles mit verwienerischten amerikanischen X-Mas-Standards: 2002 »Rudi (des rotnoserte Rentier)« und 2003 »Jingle Bells«.

Peter Cornelius, mit »Du entschuldige – i kenn di«, dem Lied gewordenen Erfüllungstraum vieler Generationen von Schul-Schüchtis, verunsterblicht, ist einer der größten, erfolgreichsten und zugleich unauffälligsten Austropopper. Vielleicht, weil er den offensiv-kämpferischen ebenso wie den dialektal-seichten Teil der Szene tendenziell immer eher gemieden hat und mit nicht wenigen Nummern hart am Schlager entlangschrammt, wird sein erheblicher Beitrag zur österreichischen Popmusik bei Aufzählungen manchmal spontan vergessen.

Hier ein Word-Rap zu Peter Cornelius:

- Schon 1973 gewann er mit »Die Wolk'n« die »Showchance« im ORF.
- Es folgten zehn Lieder in den Austro-Charts, davon sechs in den Top Ten (»Hampelmann«, »Reif für die Insel«, »Sanft ist unser Kampf«, »Süchtig«), zwei davon auf Platz 1 (»Du entschuldige – i kenn di«, »Segel im Wind«).
- Aber auch andere seiner Lieder wie »Ganz Wien hat den Blues«, »Flekkerlteppich«, »Streicheleinheiten« oder »Der Kaffee ist fertig« haben Ohrwurm- und Evergreen-Qualität.
- Peter Cornelius ist auch ein international bekannter und gefragter Gitarrist. So wirkte er an dem Projekt »Enigma« von Michel Cretu, mit dem er auch andere erfolgreiche CDs aufnahm, mit: In »Return to Innocence« ist das Gitarrensolo von ihm, wofür er sogar für den »Grammy«(!) als bester Gitarrist nominiert wurde. Bei seinen eigenen Sachen hat er aber, wie er meint, »die Gitarre den Liedern untergeordnet«.
- Wie viele andere (Wilfried: »Der Song schreibt dich«) berichtet er von einer Art »automatischem Schreiben« der Lieder und Texte. Gerade »Du entschuldige – i kenn di« sei ihm geradezu »diktiert« worden.
- Einige seiner Lieder wurden in Deutschland auch in einer hochdeutschen Fassung gecovert, wie
  - 1985 Bernhard Brink: »Der Kaffee ist fertig«
  - 1993 Bernhard Brink: »Du entschuldige, ich kenn dich«
- Auch die Wiener Band »Ilsa Gold« (Christopher Just und Peter Votava) coverte Cornelius – als Techno-Remixe. 1993 mit »Süchtig« und 1994 mit »Der Kaffee ist zärtlich, klingt das nicht unheimlich fertig«.

MOMENTAUFNAHME

Immer wieder totgesagt, ist der Austropop in seinen sämtlichen Ausprägungen auch im Jahr 2008 sehr lebendig. Das belegt etwa ein Blick auf die, wenn auch mit sechs oder sieben Titeln stark von der Heim-EM geprägten, Liste der Top Ten »Austro-Hits« vom 13.6.2008
(Quelle: austriancharts.at):

13.6.2008 – Singles:

1. Mario Lang – »Bring ihn heim«
2. Hicke & die starken Männer – »Hey Hey Hicke«
3. Christina Stürmer – »Fieber«
4. Heinz – »Wunder von Wien«
5. Opus – »Live Is Life 08«
6. Hoffmann mit dem Chor der Krone-Leser – »Wir werden Europameister«
7. Christina Stürmer – »Träume leben ewig«
8. Die Vamummtn – »Vamummtn Krocha Hymne«
9. DJ Ötzi – »I will leb'n«
10. PBH Club – »Die Besten 08«

»NUR FÜR KINDER?«

Musik für Kinder ist ein eigenes, nicht unanspruchsvolles aber abgesehen von Eltern und Kindern selten wahrgenommenes Neben-Genre der heimischen Szene. Hier gibt es eigene Stars wie Bernahrd Fibich oder Robert Steiner – und auch so manche Austropopper haben sich erfolgreich in diesem Feld versucht.
Unter anderem »Bluatschink«, Timna Brauer und Andy Baum, der an dem preisgekrönten und musikalisch hervorrangenden Album »13 x 3 und du bist dabei« mitwirkte.
Eine Sonderstellung nimmt in diesem Bereich außerdem die vertonte Bühnenversion des Kinderbuchklassikers »Valerie und die Gute-Nacht-Schaukel« von Mira Lobe ein. Nicht nur, dass die Musik von den »Schmetterlingen« (genauer: Erich Meixner) stammt, gesungen wurde die Rolle der Valerie 1984 auf der Plattenproduktion von – Maria Bill. An der Platte waren (u. a.) beteiligt: Lukas Resetarits, Sigi Maron und die »Liederlich Spielleut«. Das Stück wird bis heute immer wieder von den »Schmetterlingen« aufgeführt.

VERMUTLICH KOMPLETTE DISKOGRAFIE DER ERSTEN DREI »STARMANIA«-STAFFELN

Alben, Singles und Gruppensongs aller Teilnehmer (ausgenommen Christina Stürmer), aktueller Stand Juni 2008:

1. STAFFEL

KANDIDATEN-ENSEMBLE

Singles:
- Stars in Your Eyes (Starmania Allstars – 2003)
- Tomorrow's Heroes (Starmaniacs – 2003)
- Give Peace a Chance (2003)

Alben:
- Best Of Qualification (2003)
- Best Of Finals (2003)
- Best Of Duets (2003)
- New Songs (2003)

MICHAEL TSCHUGGNALL

Singles:
- Tears Of Happiness (2003)
- Learning How To Love You (2003)
- Alles und mehr (2003, ft. Boris Uran & Christina Stürmer)
- Tonight (2005)

Alben:
- Tschuggnall (2003)
- Phönix (2005)

BORIS URAN

Singles:
- Manchmal (2003)
- Alles und mehr (2003)

Alben:
- Ich (2003)

ANITA »NIDDL« RITZL

Singles:
- Perfect Attitude (2003)

BEATE BAUMGARTNER

Singles: ❖ Shosholoza (2003)

LUKAS PERMAN

Singles: ❖ When The Evening Falls (2003)
❖ These Are My Rivers (2005)
❖ 24 Stunden (2005)
Alben: ❖ Hier im Jetzt (2005)

VERA (BÖHNISCH)

Singles: ❖ Anders (2003)
❖ Lil' & Addict (2003)
❖ Sign Your Name (2004)
❖ Tonite (2004)
❖ Dear Ladies (2008)
Alben: ❖ Get Ur Funk Done (2003)
❖ Welcome To My Record Bag (2004)

2. STAFFEL

KANDIDATEN-ENSEMBLE

Singles: ❖ Alles und mehr (Starmania NG – 2003)
Alben: ❖ Best Of Qualification (Starmania NG – 2003)
❖ One (Starmania NG – 2003)
❖ Two (Starmania NG – 2003)
❖ X-Mas Hits (Starmania NG – 2003)
❖ Three (Starmania NG – 2004)
❖ Best Of Finals & Duets (Starmania NG – 2004)

VERENA PÖTZL

Singles: ❖ Addiction (2004)
❖ Daddy Leave Mummy Alone (2004)
❖ La Ola (2005)
❖ Live Olympic (2006)
Alben: ❖ Taken Unaware (2004)

PATRICK JURDI

Singles:	❖ Pull Me Out From Inside (2006)
	❖ Moj Broj (2006)
	❖ Samo Reci Da (2006)
Alben:	❖ Reci Da Si Za (2006)

3. STAFFEL

KANDIDATEN-ENSEMBLE

Singles:	❖ Sing for me (2006)
Alben:	❖ The Best (2006)
	❖ The Very Best (2007)

NADINE BEILER

Singles:	❖ Alles was du willst (2007)
	❖ Was wir sind (2007)
Alben:	❖ Komm doch mal rüber (2007)

JETZT ANDERS!

Singles:	❖ Dieser Moment (2007)
	❖ Für immer und ewig (2007)
Alben:	❖ Gut so (2007)

GERNOT PACHERNIGG

Singles:	❖ Neue Helden (2007)
Alben:	❖ Es warat an der Zeit (2008)

MARIO LANG

Singles:	❖ Dein Weg (2007)
	❖ Du bist so viel (2007)
	❖ Bitte reich mir deine Hand (2007)
	❖ Bring ihn heim (2008)
Alben:	❖ Mein Weg (2007)

Singles: ❖ Get A Life – Get Alive (2007)
❖ All I Known (2008)

ÖSTERREICHS DISCO-QUEEN: PENNY MCLEAN

Das 1974 gegründete Disco-Damen-Trio »Silver Convention« des Autorenteams Michael Kunze und Sylvester Levay (dessen Spitzname »Silver« der Band auch den Namen gab) gilt als einer der Geburtshelfer der kontinentaleuropäischen Disco-Welle deutscher Prägung (Boney M., Baccara ...).
Eines der drei oft in silbernen Overalls gekleideten Rotkehlchen war Penny McLean, die 1946 in Klagenfurt als Gertrude Wirschinger geboren wurde und schon in den 60er-Jahren musikalisch aktiv war. Als Penny McLean – der Namen wurde extra so gewählt, dass er auch für Asiaten leicht auszusprechen war – gelang ihr 1975 solo der weltweite Hit »Lady Bump« (Platz 1 in Österreich und Deutschland) und machte damit auch gleich den »Bump« für einige Jahre zum Modetanz. Auch »1,2,3,4 ... Fire!« wurde 1976 zum internationalen Top-Ten-Hit, aber dann verflachte ihre Karriere. Seit den 80er-Jahren ist sie, weiter unter dem Namen Penny McLean, als Autorin esoterischer Bücher tätig und erfolgreich.
»Silver Convention« hatte viele internationale Erfolge, u. a. mit »Fly, Robin, Fly« und »Get Up and Boogie« einen Nummer-1-und einen Nummer-2-Hit in den USA. Damit war schon lange vor Falco eine Österreicherin auf Platz 1 der US-Hitparade.

EINIGE ÖSTERREICHER, DIE IN DEN USA DIE NUMMER 1 ERREICHTEN

1950: Anton Karas – »Harry Lime Thema«,
1976: Silver Convention (mit Penny McLean) – »Fly, Robin, Fly«
1986: Falco – »Rock Me Amadeus«
1991: Bingo Boys – »How To Dance« (#1 der Dance Charts, #25 der Billboard-Charts)

Weiters hatte Produzent und Komponist Peter Wolf im Laufe seiner Karriere acht US-Nummer-1-Hits.

GRENZFALL DER EINGEMEINDUNG: GIORGIO MORODER

Natürlich ist es immer problematisch, ehemalige österreichische Gebiete auch heute noch kulturell zu »annektieren«. Aber Südtirol ist (zumindest zu einem gewissen Grad) auch Teil des österreichischen Kulturraums. So ist Österreich immerhin noch »Schutzmacht« der italienischen Region und der ORF hat ein eigenes Südtiroler Landesstudio. Deswegen darf man wohl auch den 1940 in St. Ulrich in Gröden geborenen Giorgio Moroder, international erfolgreicher Komponist, Produzent und Miterfinder des Disco-Sounds, hier ein wenig für »uns« reklamieren. Noch dazu, wo er der Neffe von Luis Trenker ist. Seine zahllosen Erfolge mit Dutzenden der größten internationalen Popstars werden hier dennoch nicht aufgelistet und sind bitte selbst zu recherchieren.

Nur eines sei hier noch erwähnt: Giorgio Moroder ist auch der Sänger des – nicht zuletzt auch durch die »Muppet Show« – bekannten Liedes »Máh-Ná-Máh-Ná« (»Mahna Mahna«, europaweiter Hit 1968/1969).

Ein Stück, das ursprünglich von dem Italiener Piero Umiliani für einen Softporno-»Dokumentarfilm« mit dem Titel »Schweden – Hölle oder Paradies?« (»Svezia, inferno e paradiso«) komponiert wurde.

EIN PAAR FACTS ÜBER MINISEX

- Obwohl als Punk/Underground-Band gegründet, gelten »Minisex« als Hauptvertreter der »Neuen Deutschen Welle« österreichischer Prägung.
- Die meisten der Lieder der Band wie »Rudi gib acht«, »Eismeer« oder »Du kleiner Spion« wurden von der Autorin Regine E Steinmetz geschrieben.
- Hans Krankl outete sich schon früh als Fan.
- Wolfgang Ambros war etwas skeptischer über das Werken der nächsten Generation.
- Die höchste Chart-Platzierung (Platz 8) erreichte »Du kleiner Spion«, »Eismeer« (Platz 14; Ö3: Platz 2) und »Ich fahre mit dem Auto« waren ebenfalls in der Hitparade.
- Doch auch andere Songs wie eben »Rudi gib Acht« oder »Millionen zählen nicht« liefen (und laufen teilweise noch) im Radio und zählen zu den Ohrwürmern der Austro-NDW.
- Von 1978 bis 1985 spielten insgesamt 18 Musiker in der Band rund um Chef Rudi Nemeczek, darunter auch Hansi Lang.

Anton Karas, erster Österreicher auf Platz 1 der US-Charts (1953)

Immer noch einziger österreichischer Song-Contest-Gewinner: Udo Jürgens (1966)

Joesi Prokopetz 1972

Austropop-Legenden privat: 70er-Stillleben m dem Ehepaar Erika Pluhar und André Heller

Der Staatssekretär und Ex-Schizo-Punker zeigt Bein: Franz Morak (mit Dolores Schmidinger) 1971 in Turrinis »Rozznjogd«

Suchbild: Wo ist Willi Resetarits?
»Die Schmetterlinge« 1977, verkleidet für ihren Song-Contest-Beitrag

Oben: Kondensationspunkt heimischer Protest-Mu Arena-Besetzung 1976

Zwickt's mi: Georg Danzer und Wolfgang Ambros 1976 in der Wiener Stadthalle

MTV der 70er: Arik Brauer bei »Spotlight«, moderiert von Peter Rapp

Mit »Silver Convention« auf Platz 1 der US-Charts:
die Österreicherin Penny McLean (im Bild links unten) in den 70ern

House-Musikerin Dagmar Koller und Gelegenheits-Bass
Helmut Zilk – hier bei ihrer Trauung 1978

Maria Bill engagiert sich für die Umwelt:
1984 mit Au-Hirsch Dr. Günther Nenning

Austropop-Legenden privat: 80er-Stillleben mit Stefanie Werger

Rainhard Fendrich biblisch: 1981 als Simon in »Jesus Christ Superstar«

Österreichischer Softrocker 1982 in der ZDF-»Hitparade«: Peter Cornelius

Künstler für den Frieden 1982: André Heller und Wolfgang Ambros

Falco vs. Vera Russwurm: Verleihung des »Pop Amadeus« 1985

Falco in Leder: Auftritt in der ZDF-»Hitparade« (1985)

EINIGE FACTS ÜBER DIE SCHMETTERLINGE

- »Die Schmetterlinge« gingen aus den »Milestones« hervor, eine Folk-Band der 60er-Jahre.
- Als »Die Schmetterlinge« wurden sie DIE Band der linken Bewegung der 70er-Jahre, in Deutschland noch mehr als in Österreich, und galten als progressive, alternative Liedermacher.
- Ein prototypischer Song aus dieser Zeit: »Johnny reitet wieder« handelt vom Imperialismus der USA.
- Als einziger passabler Backgroundchor dieser Zeit wirkten sie aber auch an vielen Produktionen des Austropop mit.
- Mit u. a. »Tschotscholossa« (1971) sangen »Die Schmetterlinge« schon Weltmusik, lange bevor der Begriff erfunden war.
- Ihr einzige Chart-Hit »Boom Boom Boomerang« war eigentlich eine Parodie auf Popmusik und das Musikbusiness.
- Ihr Hauptwerk ist wohl die »Proletenpassion« nach Texten von Heinz R. Unger, ein »politisches Oratorium« über verschiedene historische Revolutionen, quasi eine Art Revue der Geschichte der revolutionären Bewegungen und der Arbeiterbewegung.
  Hier die Abschnitte der Triple-LP:
  1. Prolog
  2. Die Bauernkriege
  3. Die Revolution der Bürger
  4. Die Pariser Kommune 1871
  5. Die Lehren der Kommune, gezogen im Oktober 1917 in Rußland
  6. Faschismus
  7. Gegenwart und Epilog

SOUNDBITS DER ERINNERUNG: »SIND SIE SINGLE?«

... Joesi Prokopetz (1986)

EINIGE FACTS ZU HANS K., DEM NACHTFALKEN

- Hans Krankl, 3:2-Torschütze, Bundestrainer, Fußballegende ... hat so oft und so viel zum musikalischen Schaffen Österreichs beigetragen, dass man ihn mit Fug und Recht in den Rang eines »vollwertigen« Austropoppers erheben kann.
- Sein Einstand »Ohne Ball und ohne Netz« (1974), ein belangloses Schlagergeplänkel, und der Nachfolger »Vor, vor noch ein Tor« ließen davon aber noch nicht viel ahnen. Krankl selber bezeichnet diese Ausrutscher als »musikalische Todsünde« bzw. »die dunkle Seite der Macht«.
- Er war mit völlig unterschiedlichen Titeln und in unterschiedlichen Formationen in der österreichischen Hitparade vertreten: mit »Rostige Flügel« zusammen mit Kottans Kapelle & Johann K. feat. Lukas Resetarits, mit dem Cover »Lonely Boy« (»I bin hoit gonz alla, kana mog me«, war seine eigene Textidee), mit dem Originallied »Der Bätmän bin i« und mit den Weihnachtsliedern »Rudi« und »Jingle Bells«. Aber auch das »Kokain«-Cover »Aspirin« bleibt nachhaltig im Ohr.
- Krankl hat im Laufe der Zeit eine ganze Reihe von Synonymen und Beinamen gesammelt: »(Der Sänger) Johann K.«, »Der Nachtfalke« (auch Name einer von ihm gestalten Radiosendung auf Ö3); »Goleador«, »Bomber der Nation« ...

KLEINE »BIG BROTHER«-ANEKDOTE

Frühjahr 2000. Die erste Staffel der Container-Show »Big Brother« wird gerade ausgestrahlt und es sind nur mehr recht wenige Kandidaten übrig. Als diese seit mehr als zwei Monaten von der Außenwelt abgeschirmten Insassen Besuch einer bereits »rausgevoteten« Kandidatin erhalten, wird diese mit Anfragen zur »Welt da draußen« gelöchert. Konfrontiert mit der Frage »Und wer ist jetzt die Nummer 1 in der Hitparade?« erzählt die Rückkehrerin von einem gewissen Österreicher namens Anton oder DJ Ötzi, der die Charts mit dem Lied »Anton aus Tirol« gestürmt habe.
Die Insassen verstummen und starren ihre Ex-Kollegin mondkälbisch an. O. K., man hat sie hier seit über zwei Monaten eingeschlossen, vielleicht sind sie auch schon ein wenig seltsam geworden und ihr Verstand hat etwas gelitten – aber verarschen lassen sie sich nicht!

POPCHAMÄLEON UND LEGENDE DES AUSTROPOP: WILFRIED

Niemand hat in Österreichs Populärmusik-Szene so oft das musikalische Hemd gewechselt wie der Steirer und Kurzzeit-Latzhosenträger Wilfried (Wilfried Scheutz). Hier ein kleiner Überblick über die Exkurse des Vielseitigen mit einer (teilweise zweifelhaften) Benennung der Stilrichtungen:

- Vor seiner Österreich-Karriere war er schon Mitglied einer Tanzband (»Provos«), einer Konzertband (»Moses«) und einer Band in Frankreich (»L'espace«).
- Es folgte englischer Pop wie »Mary oh Mary«.
- »Ziwui Ziwui« war sein erster Riesenerfolg mit einer Art Pop-Volksmusikcrossover.
- Wifried singt später deutsch und englisch im Disco-Sound, u. a. »Nights in the City«, »Johnny's Discothek«.
- Es gibt Versuche als Jazzer.
- Und als Musikkabarettist mit der EAV (z. B. »Disco Queen«).
- Musikalisch Seltsames intoniert er u. a. mit »Highdelbeeren«, »Buhuhuhu hu« und »(Du hast mir mein) Orange (verpatzt)«.
- Er bringt das »Kufsteinlied« in einer Hardrock-Punk-Version.
- »Ikarus«, »Südwind« oder »Lauf Hase lauf«: Wilfrieds Ausflüge zur Ballade, zum Chanson und zum Song Contest (»Lisa, Mona Lisa«)
- Aktuell hat er seine musikalische Heimat in der Gruppe »4Xang« gefunden, die, nun ja, Weltmusik-Klassik-Pop-Crossover singt. Eine Richtung, die ihm sicher liegt.

EIN PAAR FAKTEN ZU HUBERT VON GOISERN

- Eigentlich heißt er Hubert Achleitner, zweitweise, als Überbleibsel einer Ehe, auch Hubert Sullivan.
- Er ist wohl Österreichs engagiertester Weltmusiker und hat schon Projekte auf der ganzen Welt durchgeführt, u. a. in Tibet.
- Er und seine »Alpinkatzen« wirkten auch in einem der zahlreichen Revivals des Ambros-Tauchen-Prokopetz-Musicals »Watzmann« mit.
- Die Sängerin Zabine ging aus seiner Band, den »Alpinkatzen«, hervor.
- Am bekanntesten ist er hierzulande durch seine Hits »Koa Hiatamadl« (1992), »Heast as nit« (1992) und »Oben und unten« (1994).

Obwohl (nicht nur durch) die EAV unleugbar selber Teil des Austropops, machten sich Klaus Eberhartinger und Thomas Spitzer unter dem Namen »Klaus Eberhartinger & Die Gruftgranaten« im Jahr 2000 auf, die heimische Musikszene (und sich selber) mit dem Album »Austropop in Tot-Weiss-Tot – 2000 Jahre sind genug« tüchtig durch den Kakao zu ziehen. Das Cover-Bild stammt von Manfred Deix und das Album enthält zumindest eine unsterbliche Textzeile, nämlich: »Großvoda! Kannst du net oba kumman auf an Blasentee?«

Die Track-List spricht ansonsten für sich:

1. Gruftgranaten Intro
2. 166 Jahre Udo
3. Das Altersheim in Fürstenfeld (Siechtum, Tod & Sterben oder Steinhäger, Tequila & Sliwowitz)
4. Nur ein Strumpf von Dir (Mandy und die Zombies)
5. Valerie Valera – Haiders Sprung in seiner Schüssel
6. Es wird Heller
7. Öd 3 – Steif dabei
8. Würstchen an die Macht
9. Friss oder stirb (Verleihung des Ingeborg Backhendlpreises)
10. Küss' die Wand EA-Blau
11. EA-Flau-Medley
12. Oh Fusel du
13. Konstantin der Nasenbär
14. Ziwuwu
15. Austropop in tot-weiss-tot
16. Musik kommt aus der Gruft
17. Ein brennheißes Krautfleisch
18. 3 weiße Tauben (Austropop Version)
19. Solo für Urinschüssel
20. Austria Blei: Jö, schau (Morschi Danzer)
21. Austria Blei: Matt & Mattscher (Rainhard Fencheltee)
22. Austria Blei: Langsam wachst er zamm (Wolfgang Schwamm-Boss)
23. Auf sieben Krücken
24. Fragt's mi, wenn ma gehen muss
25. A ganz klana Indianer
26. Gruftgranaten-Finale
27. Ziwuwu (Anton aus Dschibudi-Mix [Singleversion])

LEGENDEN DES AUSTROPOP: STS

Zum Zeitpunkt ihrer Gründung war in der heimischen Szene wohl nichts uncooler als eine Gitarrenband. Deswegen benötigte es auch eine Weile, bevor die steirische Drei-Herren-Formation STS einen Manager fand, der an sie glaubte. Dafür war ihr Erfolg dann umso größer und nachhaltiger. Viele der größten Hits des Austropop stammen von ihnen.
Hier ein kleiner Word-Rap zu STS:

- Nach einer langen Phase der (relativen) Erfolglosigkeit (1975–1984) erreichte die Band anschließend 13-mal Gold, 8-mal Platin, 2-mal Doppel-Platin und 1-mal Vierfach-Platin.
- Die Abkürzung STS steht für die Namen (Gert) Steinbäcker, (Günter) Timischl und Schiffkowitz. Wobei letzterer Name eigentlich ein Pseudonym ist: Herr Schiffkowitz heißt tatsächlich Helmut Röhrling. Womit die korrekte Abkürzung der Band eigentlich STR lauten müsste.
- Bei ihren ersten Auftritten in ihrem Gründungsjahr 1975 gab es als vierten Mann noch einen Bongo-Spieler.
- Zeitweise sangen und spielten sie einzeln und gemeinsam auch bei der EAV.
- Günter Timischl war außerdem auch für »Opus« tätig. Bei seinem letzten gemeinsamen Konzert mit der Band wurde auch die legendäre Nummer »Live Is Life« aufgenommen.
- Nach dem frühen Beatles-Cover »Da kummt die Sunn« spielte die Band noch auf vielen folgenden Alben Lieder der Beatles und anderer internationaler Popkünstler auf Steirisch ein.

SOUNDBITS DER ERINNERUNG: »TELL ME A POEM«

... von »Papermoon« (1992)

IM SPOTLIGHT: MANUEL ORTEGA

Manuel Ortega, Dancing-Star-Gewinner und Nacktläufer (durch die Kärnterstraße, nur mit seiner neuen CD bekleidet), ist eine der sympathischsten Erscheinungen des neueren Austropop. Bislang gelangen ihm mit englischen Liedern (»End Of Time«, »Fed Up With«, »Say A Word« und »Swimming In Deep Waters«) vier Chart-Platzierungen und seit seinem Sprachwechsel zu Deutsch ebenfalls schon eine (»Viertel nach Elf«).

EINIGE WOLFGANG-AMBROS-DUETTE

1983:
»Für immer jung« – Wolfgang Ambros & André Heller
1984:
»,s Naserl« – Wolfgang Ambros & Rainhard Fendrich
»Heit bin i wieder fett wie ein Radierer« – Wolfgang Ambros & Rainhard Fendrich
1985:
»Kumm ma mit kane Ausreden mehr« – Wolfgang Ambros & André Heller
1987:
»Du und i« – Wolfgang Ambros & Friedrich Gulda
»Allan wia a Stan (Wienerisch-Kölsche Spezialversion)« – Wolfgang Ambros & Wolfgang Niedecken
1992:
»I bin bei dir« – Wolfgang Ambros & Joni Madden
1993:
»Das Duell« – Wolfgang Ambros kontra Alexander Bisenz
»Zwa wie mia Zwa« – Wolfgang Ambros & Georg Danzer
1996:
»Shake Hands, Be Friends« – Wolfgang Ambros & Georg Danzer
1998:
»A Gulasch und a Seidl Bier« – Wolfgang Ambros & Georg Danzer
2001:
»Da Wamperte, da Glatzerte und i« – Wolfgang Ambros & Marianne Mendt
2005:
»Hallo Dienstmann« – Wolfgang Ambros & Rainhard Fendrich
2007:
»Ich trag im Herzen drin« – Wolfgang Ambros & Hans Moser

... EIN TRIO ...

2006:
»Tu Felix Austria« – »Erste Allgemeine Verunsicherung« mit Wolfgang Ambros & Gert Steinbäcker

… UND EIN QUARTETT

1994:
»Alt + jung« – Wolfgang Ambros, Georg Danzer, Gert Steinbäcker & Ostbahn Kurti (drei Gitarren, drei Mundharmonikas, vier Stimmen)

EIN PAAR FACTS ZU CHUZPE

- Sahen sich selbst als typische Punk-Band …
- … dennoch werden sie mit Nummern wie »Die guten Kräfte sammeln sich« als einer der Hauptvertreter der österreichischen »Neuen Deutschen Welle« angesehen und fehlen auf keinem einschlägigen Sampler.
- Ihren größten Hit schafften sie ausgerechnet mit einem Cover: »Love Will Tear Us Apart (Again)« (Platz 8) von Joy Division.
- Viele der Bandmitglieder hatten ausgefallene Spitznamen (unter denen sie teilweise später auch anderweitig tätig waren). Z. B.:
  Rudolf Paul »Rudi Rüpel Rosensturtz« Barcal, Christian »Chromosom/Christian Kruzifix« Brandl, Albert »Ali Krawalli« Griehmann, Stephan »Graf Hadik« Wildner, Robert »Robert Räudig« Wolf, Gunulf »Guni«, Mic »Mike Metal«, »Karies Porsche«, »Charlie She-Wolf« …

SOUNDBITS DER ERINNERUNG: »PARADIES (IST DORT WO DU BIST)«

… und »Komm gib mir deine Hand« von den »Pinguinen« (1988 bzw. 1989)

NACHHALTIGES ONE-HIT-WONDER: RUCKI ZUCKI PALMENCOMBO

»Rucki Zucki Palmencombo«: »Südseeträume (Rudi träumt von der Südsee)« (1982), damals Platz 6 der Hitparade, hat Evergreen-Status erreicht. Andere Lieder der Band wie »Du leerer Zug«, »Zu vü Rock'n'Roll«, »Mann im Mond«, »In dieser Nacht oder nie«, »I kann di net vergessn« erreichten jedoch nie ähnliche Popularität.

»TAXI ORANGE« UND DIE FOLGEN

Die dankenswerterweise in die Tiefen des Vergessens entschwundene österreichische Reality-TV-Sendung »Taxi Orange«, die natürlich in keiner Weise von »Big Brother« geklont war und bei der die 24-Stunden-video-überwachten WG-Bewohner zu ihrem Lebensunterhalt Taxi fahren mussten und dabei zufällig reihenweise Promis und wenig bekannte Schauspieler der Freien Wiener Theaterszene, die natürlich in keiner Weise gecastet waren, durch Wien kutschieren durften, zeitigte neben dem Verkauf des Formats an das türkische Fernsehen auch diverse musikalische Auswirkungen.

Nicht nur avancierte der TXO-Gewinner der ersten Staffel, Max (Schmiedl), zum Kurzzeit-Popstar, bevor er zum (TV-)Schauspieler mit respektablen Erfolgen wurde, auch zahlreiche andere Tonträger wurden im Namen von »Taxi Orange« besungen – oder zumindest gepresst.

Hier eine Liste ohne Anspruch auf Vollständigkeit:

Max (Singles):	»Prinzessin« »Liebeslaube«
Max (Album):	»1-13«
Chris (Single):	»Let's Party«
Ohrrausch (Singles):	»Hallo Taxi« »Siegerstraße« (Top-Ten-Hit, Zitat: »Du brauchst kein Scheich zu sein, um reich zu sein«)
Taxi Orange (Begleitalben):	»Taxi Orange« (Kompilation diverser zu jener Zeit aktueller Hits) »Taxi Orange Vol. 2« (Kompilation diverser zu jener Zeit aktueller Hits, inkl. O-Töne und Lieder von Max und Silke) »Taxi Orange Vol. 3« (Kompilation) »Taxi Orange Vol. 4« (Kompilation)

LEGENDEN DES AUSTROPOP: FALCO

Falco, der sicher größte (nach anderer Einschätzung einzige) Popstar, den Österreich je hervorgebracht hat, und sein Schaffen ziehen sich quer durch dieses Buch.

Hier ein paar Fakten:

- Falco spielte anfangs nicht nur bei den Schock-Rockern »Drahdiwaberl« (mit denen »Ganz Wien« entstand), sondern schon 1977 bei einer Amateurband namens »Umspannwerk« sowie bei einer Kommerz-Band namens »Spinning Wheel«.
- Auch bei den letzten Konzerten der Masken-Disco-Band »Ganymed« war er als Musiker dabei.
- Die Nummer »Helden von heute« konzipierte er als Hommage an David Bowie.
- Seinen Bühnennamen borgte er sich vom auch »Falke« genannten DDR-Skispringer Falko Weißpflog, änderte dann aber die Schreibweise.
- Teilweise trat er anfangs auch als »Falco Gottehrer« oder »Falco Stürmer« auf. 1984 sang er »Kann es Liebe sein« als Duett mit Désirée Nosbusch.
- »Jeanny« war mit 2,5 Millionen Stück die meistverkaufte Single des Jahres 1986 in Deutschland.
- Am 6. Februar 1998 rammte in seiner Wahlheimat, der Dominikanischen Republik, ein Bus seinen Geländewagen. Falco war sofort tot. In seinem Blut wurden Alkohol (1,5 Promille) und große Mengen an Kokain sowie Marihuana nachgewiesen. Entgegen den Gerüchten um einen Selbstmord schlossen die untersuchenden Pathologen vor Ort diesen aufgrund des Hergangs des Unfalls aus.
- Niki Lauda, ein enger Freund des »Falken«, taufte noch 1998 spontan eine seiner Lauda-Air-Maschinen auf den Namen »Falco«.
- Zu seinen Lebzeiten wurden rund 60 Millionen Tonträger mit Falcos Musik verkauft.

CHRISTOPH & LOLLO

Sollten Ihnen die Namen nichts sagen, dann merken Sie sie sich. Sie werden von den beiden noch hören.

ALLE AMADEUS-PREISTRÄGER IN DEN BEREICHEN NATIONALER ROCK/POP

BESTEHENDE KATEGORIEN

SINGLE DES JAHRES NATIONAL

2000 »Anton aus Tirol«, Anton aus Tirol feat. DJ Ötzi
2001 »One To Make Her Happy«, Marque
2002 »Oua Oua«, Max.Brothers
2003 »Was is' mit du?«, Prof. Kaiser
2004 »Ab in den Süden«, Buddy vs. DJ The Wave
2005 »Vorbei«, Christina Stürmer
2006 »Engel fliegen einsam«, Christina Stürmer
2007 »Vergiss mich«, Luttenberger*Klug
2008 »Mädchen«, Valerie

ALBUM ROCK/POP DES JAHRES NATIONAL

2007 »Lebe lauter«, Christina Stürmer
2008 »Mach dich bereit«, Luttenberger*Klug

NEWCOMER DES JAHRES NATIONAL

2000 Anton aus Tirol feat. DJ Ötzi
2001 Marque
2002 Zabine
2003 Manuel Ortega
2008 Herbstrock
2004 Christina Stürmer
2005 Saint Privat
2006 SheSays
2007 Mondscheiner

Musik-Download des Jahres national
2008 »Scherbenmeer«, Christina Stürmer

LEBENSWERK

2000 Falco
2001 Günter Brödl
2002 Wolfgang Ambros
2003 Udo Jürgens
2004 Peter Kraus
2005 Stefan Weber
2006 Ludwig »Wickerl« Adam
2007 Georg Danzer
2008 Kurt Hauenstein

EHEMALIGE KATEGORIEN

AMADEUS ACADEMY AWARD

2000 Sandra Pires
2001 Joni Madden – »Hey Yo!«
2002 Zabine – »Transalpin«
2003 Stefanie Werger – »Stark wie ein Felsen«
2004 Christina Stürmer – »Freier Fall«
2005 Christina Stürmer – »Soll das wirklich alles sein«
2006 Christina Stürmer – »Wirklich Alles«
2007 Albin Janoska – »All I Wanna Do«

KÜNSTLER POP/ROCK NATIONAL

2000 Falco
2001 Hubert von Goisern
2002 Rainhard Fendrich
2003 Ludwig Hirsch
2004 André Heller
2005 Georg Danzer
2006 Kurt Ostbahn

ERFOLGREICHSTER ÖSTERREICHISCHER KÜNSTLER IM AUSLAND

2001 DJ Ötzi
2002 DJ Ötzi

2000 Kurt Ostbahn & die Kombo
2001 Tosca (Dorfmeister/Huber)
2002 Bauchklang
2003 Seer
2004 Ausseer Hardbradler
2005 Global Kryner
2006 Papermoon

ZUR FALSCHEN ZEIT

Würden heutige Radioprogramme (oder auch das Fernsehen) wie früher durchaus üblich, man denke nur an den »Bundesbahnblues« und andere Lieder von Helmut Qualtinger und/oder Gerhard Bronner, statt glatt gebügelter Soundteppiche auch ab und zu zeitgenössische kabarettistische Lieder spielen, dann wären Kabarettisten wie etwa der Steirer Leo Lukas und einige seiner Kollegen hierzulande schnell genauso bekannt wie die dem Singen eher abholden aktuellen Kabarettstars.
Nicht dass alle anderen Kabarettisten unter Publikumsmangel leiden würden, etwa im Fall von Leo Lukas, der auch noch eine Identität als Regisseur und Autor – u. a. fix im Team der SF-Serie »Perry Rhodan« – vorzuweisen hat, wäre diese zusätzliche Popularität vielleicht gar nicht so nötig ... aber es ist eher schade für das Publikum.
Denn viele der Lieder heimischer Kabarettisten hätten hohen Unterhaltungswert und würden bei den Hörern mindestens so gut ankommen wie einst die Spaß-Songs von Fendrich. Wenn etwa Lukas das Horror-Leben von Sozialarbeitern besingt, in bester Wienerlied-Manier den »Alten Toner« ins Sekretariat schickt oder hintergründig bei Ikea nicht einkaufen geht, dann würde das auch noch mehr Leute begeistern als die, die ihn ohnehin schon von der Bühne her kennen.
So müssen auch Kabarettisten – wie heutzutage so viele – ins Internet ausweichen, wo etwa Lukas vor einiger Zeit ein freundliches, aber deutliches und durchaus provokatives Lied über den Islam als selbstproduziertes Musikvideo ins Netz gestellt hat.
Suchtipp: YouTube, Leo Lukas, »Sehr geehrter Islam«

Die Rock-Kabarett-Chaosgruppe EAV gehört zu den erfolgreichsten Bands und Acts Österreichs. Auch deshalb, weil sie in Deutschland genauso erfolgreich, ja, zeitweise sogar erfolgreicher war als daheim.
Dennoch sind ihre Hits auch in Österreich Legion, wovon nicht zuletzt die zahlreichen Einträge zur EAV in diesem Buch zeugen.
Statt eines Word-Raps daher einfach nur alle Austro-Chart-Hits der Band:

Titel	Eintritt in die Charts	Beste Plazierung	Wochen in den Charts
300 PS (Auto ...)	13.11.1994	5	12
Afrika – ist der Massa gut bei Kassa	15.10.1983	6	12
An der Copacabana	15.03.1988	2	12
Ba-Ba-Banküberfall	15.12.1985	4	16
Bongo Boy	07.12.1997	32	2
Burli	15.06.1988	24	4
Der Alpen-Rap	01.08.1983	6	12
Der Wein von Mykonos (The Himbeer Teddies)	16.08.1998	8	17
Ding Dong	15.04.1990	1	16
Einer geht um die Welt	02.12.1990	26	3
Einmal möchte ich ein Böser sein	19.03.1995	17	8
Fata Morgana	15.11.1986	11	4
Go Karli Go	15.01.1985	6	12
God Bless America	04.07.2004	24	15
Hasta la Vista	17.01.1999	35	4
Heiße Nächte (in Palermo)	01.07.1986	3	14
Hip Hop	08.03.1992	27	5
Jambo	27.10.1991	6	12
Kann denn Schwachsinn Sünde sein	15.11.1988	10	8
Küss' die Hand, schöne Frau	15.11.1987	1	22
Märchenprinz	15.03.1986	1	18
Samurai	05.08.1990	2	13
Schau wie's schneit	20.07.1997	17	8

WIE KRUDER UND DORFMEISTER ENTSTANDEN

Auch nicht wirklich Austropop. Aber »Kruder und Dorfmeister« sind so bedeutende internationale Stars der Musikszene aus Österreich, dass sie hier unmöglich fehlen können.
Die Trendsetter der elektronischen Musik (von Downtempo und Dub über Electronica bis Trip-Hop), weltberühmt für ihre Remixe und Teil der »Neuen Wiener Szene«, kamen als Team ursprünglich nur wegen eines Gags zusammen: Peter Kruder bemerkte eines Tages, dass Richard Dorfmeister genauso aussah wie Art Garfunkel auf einer Simon-&-Garfunkel-LP von 1968. Er meinte daraufhin, sie müssten unbedingt eine Platte gemeinsam machen, um dieses Cover-Foto imitieren zu können! Richard Dorfmeister »Es war nie seriös gemeint, es wollte niemand Popstar werden, wir wollten nur ein Foto machen.« Der Rest ist Geschichte.

SINGENDE POLITIKER, LINKS

Mit einem Wort: Helmut Zilk. Vermutlich durch seine langjährige Ehe mit der Sängerin, Musical-Darstellerin und Tänzerin Dagmar Koller ist auch der schon im Sprechen stimmgewaltige Wiener Langzeitbürgermeister das eine oder andere Mal mit den Rillen einer Platte in Berührung gekommen. Bereits in den 70er-Jahren nahm er mit ihr zusammen eine LP mit dem an seine damalige Fernsehsendung angelehnten Titel »In eigener Sache« auf. Diese gilt heute als verschollen, gerüchteweise weil Zilk sie selber aufgekauft und eingestampft haben soll. Genauso schnell ist ein vor wenigen Jahren auf CD gebranntes Duett mit seiner Frau, ein Liebeslied an die Stadt Wien, wieder aus den Regalen verschwunden.

SINGENDE POLITIKER, LINKS-ALTERNATIV

Peter Pilz, grünes Urgestein und Multi-Ausschuss-Untersucher, hat eine bewegte musikalische Amateur-Karriere vorzuweisen. Hier die wichtigsten Stationen im Überblick:
1969: Gründung der Kapfenberger Band »The Three Pees« (drei Mitglieder hießen Peter)
1970: Umbenennung in »The Hysteric Centuries«
2000: Gründung von »Prinz Pezi und die Staatssekretäre« (alias »Untouchables«)
2003: Gründung der »Lasso-Brüder« Der erste Nummer-1-Hit steht allerdings noch aus.

SINGENDE POLITIKER, MITTE-RECHTS

Neben dem passablen Jazzer und Wandervogellieder singenden Wolfgang Schüssel wäre hier natürlich an vorderster Front Franz Morak zu nennen. Aber der war ja wirklich Austropopper und über ihn findet sich in diesem Buch an anderen Stellen schon einiges. Daher sei hier noch ein Schlaglicht auf einen weiteren »unerwarteten Austropopper« geworfen: Kurt Waldheim.
Zwar waren es nur aus Interviews gesampelte Sätze, die das Projekt »Cabaret Kurt W.« unter dem Titel »Ich habe meine Pflicht erfüllt« 1988 veröffentlichte, aber da das Lied unbedachterweise ein Mal (sic!) in Ö3 gespielt wurde, reichte das schon für einen Miniskandal, der sogar zu einer kurzzeitigen Suspension von Martina Rupp führte. Ähnlich dem viel späteren »Flasche Bier« (Stefan Raab sampelte Bundeskanzler Schröder) wurden hier die Wortteile zu einem glaubwürdigen Rap mit grooviger Percussion vereint. Hörenswert, auch abseits des durchaus beabsichtigten politischen Inhalts.

SINGENDE POLITIKER, RECHTS

Christian Strache, FPÖ-Chef und immer für eine Überraschung gut, nahm im Wahlkampf 2006 das Mikrofon in die Hand und rappte nicht ganz unbegabt und stellenweise auch durchaus selbstironisch den Song »HC-Rap«. Abgesehen von dem natürlich sehr populistischen und ausländerfeindlichen Inhalt gar keine so schlechte Nummer – vielleicht sollte er den Job wechseln?
Das gilt weniger für Strache-Dauerkonkurrent Peter Westenthaler, der so etwas damals natürlich nicht auf sich sitzen lassen konnte und seinerzeit eine eher »volksdümmliche« und inhaltlich harmlose Schlagernummer namens »Wir halten 'zamm« schmetterte, die wohl eher nicht ins heimische (nicht einmal kärntnerische) Liedgut eingehen wird.

NIKI LIST

... hat als Texter und Sänger, insbesondere aber als Regisseur auch einiges zum Austropop beigetragen: durch »Müllers Büro« (1986), aber auch durch »(Café) Malaria« (1982) und »Helden in Tirol« (1998).

KOSMISCH

Apropos DÖF: Codo ist die Abkürzung für »Cosmischer Dolm«.

ALF

Alf Poier, philosophisch-anarchischer Chaos-Kabarettist, hat schon lange vor seinem Antreten beim Song Contest zahllose Lieder komponiert, gesungen und auch auf CD gepresst. Besonders schön das Lied »Lychees aus China«. Poier, der zweitweise in einem weißen Lieferwagen mit der Aufschrift »Bäckerei Poier« (»Damit ich überall in zweiter Spur stehen bleiben kann«) lebte und darin auch Schlagzeug übte (»Ich bin dann einfach in den Wald gefahren, da hat's niemanden gestört«), hat eine bewegte Vergangenheit als u. a. Langstreckenläufer im Nationalteam und Textautor für Volksmusik-Schlager hinter sich.
Sein Beitrag zum Song Contest 2003 »Weil der Mensch zählt« ist eine übliche Poier-Absurdiade (Zitat »Klane Haserl ham kurze Naserl«) und erreichte immerhin Platz 6 – das beste Abschneiden eines österreichischen Beitrags seit 1989. Poier war dennoch ernsthaft frustriert, da er fix mit dem Sieg gerechnet hatte.
2005 wollte er diese Scharte auswetzen und bewarb sich mit den zwei Liedern »Good Old Europe is Dying« und »Hotel, Hotel«. Durch ein ungleichgewichtiges Wertungssystem wurde Poier allerdings mit 106 000 Stimmen zweiter hinter der Gruppe »Global Kryner«, die etwa 60 000 Stimmen erzielte. »Global Kryner« fuhren mit »Y'asi« zum Song Contest und schieden in der Vorrunde mit Platz 20 von 25 Teilnehmern aus.

IM SPOTLIGHT: MARQUE

Der in der Schweiz geborene Vorarlberger Marque ist schon zu lange im Geschäft, als dass man ihn als Neuen Österreicher bezeichnen könnte. Zwischen 1995 und 2005 erreichten viele seiner Lieder die österreichischen, deutschen und Schweizer Charts (»Something In My Eyes«, »Electronic Lady«, »Reaching For The Stars«, »Rose Without A Thorn«, »Wonderman«), wobei wohl seine Hit-Single »One to Make Her Happy (Daisy And Her Boyfriends)«, Ohrwurm und Instant-Evergreen zugleich, den absoluten Höhepunkt darstellt. Bekannt wurde Marque auch durch seine etwa zweijährige Beziehung zur österreichischen TV-Moderatorin Mirjam Weichselbraun. Seit 2005 hat sich Marque von der Bühne zurückgezogen, komponiert und produziert aber weiterhin.

EINIGE EIN-WORT-LIED-TITEL VON ATTWENGER

Bian	Muamen
Bier	Orausch
Dog	Paf
Dramas	Pomaliger
Feda	Rahm
Flug	Rehn 1
Ged	Rehn 2
Gedscho	Schick
Gibim	Schtroßn
HiAso	Summa
Huad	Sun
Kaklakariada	Tapetn
Kalender	Tour
Kosz	Wüst
Masta	

LOCAL KRAINER

Zu den wichtigsten und längstdienenden, aber dennoch relativ unbekannten Kabarettistinnen des Landes zählt zweifellos Lore Krainer. Neben früheren Auftritten in der TV-Sendung »Seniorenclub« und anderen aktuellen Tätigkeiten leitet Lore Krainer seit 1988 (!) auch die wöchentlich (!!) ausgestrahlte Ö1-Kabarett-Sendung »Der Guglhupf«, die im November 2005 ihr 1000. Sendejubiläum feierte und in der sie auch praktisch jedes Mal – oft von ihr geschriebene oder komponierte – Couplets singt. Was uns zu ihrer anderen beruflichen Seite als Chanson-Komponistin und -sängerin führt. Als solche sind ihre Lieder oft nicht weit von denen anderer österreichischer, zum Austropop zählender Sängerinnen entfernt.
Zumindest ihr ironisches Chanson »Es ist Liebe« über in die Jahre gekommene Langzeitbeziehungen hätte jedenfalls die Ehre verdient, in diesen Kanon aufgenommen zu werden.

30 Grad im Schatten
A bisserl G'fühl
Ab morg'n
Alle drei
Alle Lichter (Danzer, Bäer, Baum)
Amoi machts an Plumpser
An Kaktus und kane Rosen
Ay Ay Ay
Bangerl
Bleib bei mir
Bleib no da
Bleib no lieg'n
Bleib so
Bundesheer
Calafati Joe
Da Beinohschlogaunfoi
Da bin i z'Haus
Da Luftbalaun
Das Glaserl
Der Durscht
Der gschupfte Ferdl
Der Handball-Song (Ulli Bäer und die österreichische Handball-Nationalmannschaft)
Der Montag
Der Rock 'n' Roller
Die Beflaggung
Drah net auf
Du glaubst
Du hast an Freund
Einmal in der Woche fall' i um
Erwachsene gibt's gnua
Fort von dir
Frag mi net
Gartenzwerg
Geh no net weg
Hasi
Hass wie Feuer
Hattu Hunger
Heast Oida (Alles was uns umbringt, macht uns hart)
Herr Student
Heute
Hinterhoftroubadour
Hoit mi, hoit mi
I brauch di
I Catch You
I hab an Amiga
I sag na
I sing den Donauinsel-Blues
I wüll mehr
Ich trag im Herzen drin
Im Morgengrauen
In einem kleinen Café in Hernals
Irgendwann
Ka Leiberl
Karlis Bekehrung
Karoline
Kaufts ma an Radi oh
Kumm bäck home
Lass mi amoi no d'Sunn aufgeh' segn (Danzer, Bäer, Baum)
Lass mi net allein
Lass net so vü Zeit vergeh'n
Mädi
Menschen, Menschen san ma alle
Miad vom Warten
Mit da Seel bameln
Nur mit'n Schmäh
Nur Wickeln
Ohr'n auf
Okey-Doke
Ottakringer Donauwoiza
Pack mi Baby
Pearls Before Swine (I Think That I'm A Good Guy) (Danzer, Bäer, Baum)

Rindin' On A Highway
Rosso Bianco Rosso
Ruaf mi net an (Danzer, Bäer, Baum)
Say It In English (Danzer, Bäer, Baum)
Schon wieda im Öööl
Schönes Madl
So a Nacht
So schaut's aus
Sommer in der City
Spatz und Spätzchen
s' Vogerl am Bam
Verkrampf di net
Walters Bescheidenheit
Was i brauch (is Rock 'n' Roll)
Weil i di will
Weiterzieh'n
Wenn du geh'n willst
Wenn ois vorbei is'
Wieder daham
Wir san wir
Wos dazua ghert

LEGENDEN DES AUSTROPOP: HANSI DUJMIC

Über Hansi »Dew Mitch« Dujmic lässt sich vor allem sagen, dass er sicher einer der begabtesten Popmusiker Österreichs war, aber tragisch an Drogen (und vielleicht dem Business) verstarb.
Hier einige Facts und Würdigungen:

- Unvergesslich bleibt Dujmic v. a. mit zwei Nummern: »Ausgeliefert« und »Don't Say No«. Und vielleicht auch noch mit »Deep Blue Eyes«.
- Berühmt wurde er auch durch seine Darstellung von Elvis im gleichnamigen Musical auf der Bühne.
- Er tourte und spielte auch mit Wolfgang Ambros und Peter Cornelius.
- Mit Maria Bill sang er das Duett »Zu müde«.
- In »Warum« von »Austria für Afrika« hat er eine Solo-Zeile.
- 1988 erreichte er mit dem von Stefanie Werger komponierten Lied »Don't Say No« posthum die Nummer 1 der Hitparade.

STERNE IN TIROL (UND VORARLBERG UND OBERÖSTERREICH)

Alle drei bisher gesendeten Staffeln der ORF-Casting-Show »Starmania« wurden von TirolerInnen gewonnen: Michael Tschuggnall aus Hall in Tirol (2003), Verena Pötzl ebenfalls aus Hall in Tirol (2004), Nadine Beiler aus Inzing (2007) Zwei andere Starmania-»Nester« sind die kleine Gemeinde Brand (PLZ: 6708) in Vorarlberg – von dort stammen zwei Finalisten der dritten Staffel: Falco de Jong Luneau (»jetzt anders!«) und (Ex-Skispringer) Andy Beck – und Vöcklabruck, die Heimat von Vera (Böhnisch) und Eric Papilaya.

AUSTRIA FÜR AFRIKA: »WARUM« EIGENTLICH?

Das Lied »Warum« der unter dem Namen »Austria für Afrika« vereinten österreichischen Popszene war nicht nur ein großer heimischer Hit mit Evergreen-Qualitäten und eben ein weiteres Hilfsprojekt anlässlich der Hungersnot in Äthiopien 1985, sondern wies im Vergleich zu anderen Projekten dieser Art wie »Band Aid« oder »USA For Africa« einige Besonderheiten auf:

- Das Lied kam eher spät.
- Dafür war es reflektiert, eher politisch als helfend oder bettelnd gemeint und es ging den Beteiligten eher um eine Bewusstseinsveränderung.
- Dabei nahm es sowohl Bezug auf die soziopolitischen Umstände von Hungersnöten in Afrika als auch auf die Frage, wie wir im Westen damit umgehen (»Wir schicken Geld, damit's uns besser geht«).
- Im Gegensatz zu den anderen Hilfsliedern verarbeitete »Warum« auch Musik aus Afrika: Es enthält ein äthiopisches Volkslied in amharischer Sprache.
- Der amharische Text bedeutet übersetzt: »Du warst einmal eine Prinzessin, der Brotkorb Afrikas, heute bist du eine Bettlerin, lasst uns noch einmal von vorne beginnen.«
- Das Projekt vereinte 40 Sänger (von Dialektwelle bis NDW).
- Es wurde in der »Powersound Factory«, dem Studio von Wolfgang Ambros in Achau, an zwei Tagen (30. und 31. März 1985) eingespielt, wobei bis auf den verhinderten André Heller alle Sänger ihren Teil an einem Tag einspielten, was man auch im Video zur Single sehen kann.

DAUERSAISON IM EISSALON: BABSI BALOU

... oder eine Eintagsfliege mit Unsterblichkeits-Gen. Es war 1983, als eine gewisse Babsi Balou ein eher harmloses Liedchen namens »Hochsaison im Eissalon« trällerte, das zum Sommerhit des Jahres geriet. Seitdem ist der Song, der fälschlicherweise manchmal zur Neuen Deutschen Welle gezählt wird, nicht mehr tot zu kriegen, findet sich auf zahlreichen Austropop-Samplern und wurde schon zwei Mal gecovert. Und zwar von Antonia (2004) und »Gimme 5« (2005).

»Babsi Balou« alias Sabine Chalupa nahm unter diesem Pseudonym noch das Lied »Mondschein« für den Soundtrack zum Niki-List-Film »Müllers Büro« auf.

EINIGE DER SCHÖNSTEN REIME DER EAV

- »Links den Huf und rechts den Huf – ja, das ist die Disco-Groove.«
- »Unsre Kids, die brauchen Hits, sonst hat das Leben keinen Witz.«
- »Wenn Achmed keine Drachmen hat, nagt traurig er am Dattelblatt.«
- »Nur am Schotterteich in Mistelbach wird vielleicht noch die Christl schwach.«
- »Wenn ich meine Muskeln auf den Buckel schupf, schau ich aus wie ein geölter Guglhupf.«
- »Fummel, fummel, kille, kille, du nimmst eh die Pille?!«
- »In ana Pizzeria in Palermo-City, kaut ein dubioser Mafioso traurig seine Calamari Fritti.«

EINIGE ANDERE SCHÖNE REIME

- »I wass du host jetzt an Freund mit an Porsche / sog eam do er soll in Oarsch geh (und kumm wieder ham zu mir).« (»Ruaf mi net an«, Georg Danzer)
- »Jö, sogar sie Tante Hilde sie holen mi alle o / I gfrei mi ja aso.« (»Malibu«, Rainhard Fendrich)
- »Ein Sturz bei 120 km/h / entlockt ihm ein erfreutes ›Hoppala!‹« – »Weil durch einen spektakulären Crash / wird ein Grand Prix erst richtig resch.« (»Es lebe der Sport«, Rainhard Fendrich)
- »Land der Krone, Land des Staberl / Land der Gruppe Drahdiwaberl« (»Kaiserhymne«, Drahdiwaberl)

WÜNSCHE

Zwei der drei Finalisten der dritten Starmania-Staffel wurden vor dem Finale recht ungewöhnliche Glückwüsche zuteil: Gernot Pachernigg, bekennender Peter-Alexander-Fan, wurden tatsächlich Glückwünsche seines zurückgezogen lebenden Kindheitsidols übermittelt. Und die spätere Siegerin Nadine Beiler, die in der Show einmal »Aber bitte mit Sahne« intoniert hatte, erhielt einen Anruf und Glückwünsche von Udo Jürgens, was hoffentlich nicht daran lag, dass Nadine zu diesem Zeitpunkt noch keine 17 Jahr' zählte.

STARMANIACS

Von vielen belacht und als Karaoke-Show von minder talentierten Möchtegern-Stars verunglimpft, ist der Beitrag, den die ORF-Casting-Show-»Starmania« für die jüngere Geschichte des Austropops geleistet hat, nicht zu unterschätzen. So brachte die Sendung Christina Stürmer hervor, die in gewisser Weise eigenhändig eine Renaissance des österreichischen Pop inklusive einer namhaften Verbreitung in Deutschland (und Ö3) einleitete. Aber auch andere Teilnehmer wie Mario Lang oder Vera sind mittlerweile fixe Bestandteile der heimischen Musikszene.

Hier die Liste aller Finalisten:

Erste Staffel (2002/2003):

1. Michael Tschuggnall
2. Christina Stürmer
3. Boris Uran
4. Anita »Niddl« Ritzl
5. Livia Hubmann
6. Beate Baumgartner
7. Andreas Schneider
8. Lukas Perman
9. Vera Böhnisch
10. Thomas Putz
11. Elisa Zsivkovits
12. Markus Kuen

Zweite Staffel (2003/2004):

1. Verena Pötzl
2. Armin Beyer
3. Marcel Plieschnegger
4. Michael Hoffmann
5. Jasmin Schiller
6. Magdalena Rentenberger
7. Christian Sperrer
8. Daniel Kajmakoski
9. Angelika Ring
10. Luise Gruber
11. Rebecca Freidinger
12. Patrick Jurdic

Dritte Staffel (2006/2007):

1. Nadine Beiler
2. Thomas Neuwirth
3. Gernot Pachernigg
4. Mario Lang
5. Eric Papilaya
6. Martin Zerza
7. Falco de Jong Luneau
8. Birgit Kubica
9. Lois Zarculea
10. Andreas Beck
11. Johannes Palmer
12. Alexandra Golda

STARMANIA-SPLITTER

- Der Gruppensong »Tomorrow's Heroes« der ersten Staffel war die erste österreichische Single, die bereits vor der eigentlichen Veröffentlichung Gold-Status in Österreich erreicht hatte. Im Endeffekt wurde es Platin.
- Der Zwölftplatzierte der zweiten Starmania-Staffel, Patrick Jurdic, wurde im Anschluss Sieger der kroatischen TV-Casting-Show »Hrvatski Idol«.
- Die vier Finalisten der dritten Staffel Thomas Neuwirth, Martin Zerza, Johannes Palmer und Falco De Jong Luneau schlossen sich nach der Sendung zur Boyband »jetzt anders!« zusammen.
- Mario Lang (vierter der dritten Staffel) startete eine Solo-Karriere, bisheriger Höhepunkt: das Titellied zur Fußball-TV-Reality-Soap »Das Match«.
- Gernot Pachernigg (dritter der dritten Staffel) machte sich auf, ein echter Austropopper alter Schule zu werden, wofür immerhin eine Sommertournee mit Rainhard Fendrich und eine Amadeus-Nomierung als erste Schritte bezeichnet werden können. Außerdem nahm er als Fußballspieler im Endspiel der »Das Match«-Mannschaft teil, das von Österreich gegen die Schweiz 4:2 gewonnen wurde.
- Thomas Neuwirth (zweiter der dritten Staffel), der seine Neigungen schon zuvor kaum verborgen hatte, schrieb Geschichte als der erste österreichische Musiker, der sich mutig live im Fernsehen zu seiner Homosexualität bekannte.

ES WAR EINMAL: ERIKA PLUHAR

Für einige Zeit waren die Beiträge der international gefeierten Schauspielerin Erika Pluhar ein nicht unwesentlicher Teil der österreichischen Musikszene. So widmete ihr auch die Fernsehlegende Heinz Fischer-Karwin eine seiner »Ihr Auftritt bitte«-Sendungen. Die Chansons von Erik Pluhar wie »Veni Vidi Vici«, »Die Frauen« oder »Boogie Woogie« pendeln zwischen sehr Persönlichem, sehr Weiblichem und ziemlich Ironischem. Oder wie sie selbst sagt: »Lieder entstehen am Rande des Weges.«
So etwas wie unsterblich gemacht hat sich »Die Pluhar« aber mit dem im Sprechgesang vorgetragenen Lied »Es war einmal«, dem österreichischen Pendant zu Marianne Faithfuls »The Ballad Of Lucy Jordan«, mit der absoluten Killerzeile »Schwör mir, dass du dir nie ein Kind von ihr wünscht«. Wer da, besonders unter den Doppel-X-Chromosom-Trägerinnen, nicht zum Cleenex und/oder sich ans Herz greift, ist aus Stein.

SOUNDBITS DER ERINNERUNG: »SAG ZUM LEBEN JA«

... von Aniko Benkö (1976)

AUSTROPOP, THEATRALISCH

In der österreichischen Fassung des internationalen Erfolgsmusicals „We Will Rock You“ mit den bekanntesten Melodien von „Queen“ kamen 2008 auch zahlreiche Protagonisten, Liedtitel und -zitate zu Ehren. Die Handlung des Stücks spielt in einer fernen Zukunft, in der (Rock-)Musik verboten ist und nur noch in bruchstückhafter Überlieferung lebt. Und zu diesen Bruchstücken zählten in der Wiener Aufführung eben auch zahlreiche (als Gag) gebrachte Zitate von „Die Blume aus dem Gemeindebau“ und „Du entschuldige, i kenn di“ über „Schifoan“ bis hin zu Hits von STS und Falco. Größtenteils unfallfrei ausgesprochen von den mehrheitlich bundesdeutschen Schauspielern.
Außerdem benennen sich die Rock-Rebellen des Stücks nach „historischen“ Vorbildern von Madonna über Dieter Bohlen bis Britney Spears. Und so stellte sich auch „Doc“, eine der Hauptpersonen des Stückes, auf der Bühne des Raimundtheaters folgendermaßen vor: „Ostbahn, Dr. Kurt Ostbahn“.

EDELWEISS, EDELWEISS

Das Projekt beziehungsweise die Band »Edelweiss« hatte mehr Lieder – und auch Hits – als man so gemeinhin annehmen sollte.
Da wäre zum einen die internationle Hit-Single »Bring Me Edelweiss« von 1988, die neben Österreich auch noch in der Schweiz und Schweden Platz 1 erreichte. Die eingängigen Beats mit Volksmusikelementen wie Jodeln über einem ABBA-Sample («S.O.S.«, das erste erlaubte ABBA-Sample überhaupt) waren ein geplanter, gebastelter und dennoch ertstaunlich großer Erfolg. Die Nachfolge-Single »I Can't Get No (Edelweiss)« von 1989 konnte nicht an den Erfolg anknüpfen.
Erst »Raumschiff Edelweiss« (1992) zur gesampelten Titelmelodie der originalen »Star Trek-Serie« brachte der Band wieder einen internationalen Erfolg. In dem hochamüsanten Video zur Nummer spielt übrigens auch TV-Multi-Moderator Christian Clerici als »Juri Cleritschekov« mit und statt »NCC-1701 – United Federation of Planets« steht auf dem Raumschiff aus der Bastelstunde: »YO-DL – United Celebration of Parties«. Und die Klingonen rappen Dr. Albans »One Love« ...
Die weiteren Veröffentlichungen »Planet Edelweiss« (1992), »Ski Instructor« (1993), »Beam me up« (1993) und »Edeltaler Hochzeitsmarsch« (1997) erzielten immerhin Achtungserfolge.
Außerdem war Edelweiss mit »The Return Flight Of Raumschiff Edelweiss« 1996 auf auf dem Sampler »30 Years Star Trek A Tribute« mit vertreten.

EINIGE SATIRISCHE LIEDER VON RAINHARD FENDRICH (CHRONOLOGISCH)

Zweierbeziehung (Autofriedhof)
Razzia
Schickeria
Strada del sole
Es lebe der Sport
Feine Damen
Oben ohne
Erobict, Sierobict
Ich bin ein Negerant Madam
Tante Hilde
Macho Macho
Tango Korrupti
Blond
Metrosexuell

EINIGE RAINHARD-FENDRICH-DUETTE

1984
»Heit bin i wieder fett wie ein Radierer« – Rainhard Fendrich & Wolfgang Ambros
»'s Naserl« – Rainhard Fendrich & Wolfgang Ambros
2000
«Weusd' a Herz hast wia a Berkwerk« – Rainhard Fendrich & Marianne Mendt
2001
»Loch in der Kanne« – Rainhard Fendrich & Reinhard Mey
»Über den Wolken« – Rainhard Fendrich & Reinhard Mey
2002
»Freunde wie wir« – Rainhard Fendrich & Alexander Goebel
»Ich glaube« – Rainhard Fendrich & Udo Jürgens
»Salz & Pfeffer« – Rainhard Fendrich & Anne Mandrella
«The Lady Is A Tramp« – Rainhard Fendrich & Bill Ramsey
»Was ist los« – Alexander Goebel mit Rainhard Fendrich und Ensemble
2004
»Soy tu vida (... weil ich dein Leben bin)« – Rainhard Fendrich feat. Carmen Jaime
2005
»Hallo Dienstmann« – Rainhard Fendrich & Wolfgang Ambros
2006
»Nimm mir einfach nur die Angst« – Rainhard Fendrich & Ina Nadine Wagler
2007
»Wir sind Europa« – Rainhard Fendrich, die Wiener Sängerknaben, Andreas Ivanschitz, Marc Janko und Helge Payer

SOUNDBITS DER ERINNERUNG: »SONNTAG«

... von »(Duo) Mess« (1982) – das waren Elisabeth »Lizzy« Engstler und Michael »Fritz« Scheickl.

AUSGEZEICHNET

1991 erhielt Jazz Gitti den »World Music Award« aus den Händen von Cliff Richard.

VON KLEINEN INDIANERN

Was kann man über eine Nummer wie »A klana Indiana (Uiii tuat des weh!)« anderes sagen, als dass es so was eben auch gibt? Sowohl das Originallied, das im Wesentlichen davon handelt, dass sich ein amerikanischer Ureinwohner auf mehrere Arten an den Hoden verletzt, als auch das Nachfolgelied »Uiii, is des bled!« erreichten 1999 knapp hintereinander den Platz 1 der Verkaufscharts, die dritte »Twist No. Sex« immerhin noch Platz 3. »Ski Heil ... is des geil« (2000) und »Wer jetzt net hupft ... is schwul!« (2001) kamen immerhin noch in die Charts, dann war der Spuk vorbei und die Produzenten »ultimaTIEF« wandten sich einem anderen Projekt zu: Sie produzieren nämlich auch DJ Ötzi.

Die Tracklist der Maxi-CD liest sich übrigens so:

1. »A klana Indiana« (klane Version)
2. »A groß a Indiana« (große Version)
3. »Da föhlt a Indiana« (Karaoke-Version)
4. »Nur a Indiana« (Acapella-Version)

»WARUM« AUSTRIA FÜR AFRIKA: REIHENFOLGE DER SOLO-ZEILEN

Wolfgang Ambros – Georg Danzer – Maria Bill – Rainhard Fendrich – STS – Hansi Dujmic – Peter Cornelius – Wilfried – André Heller – Ulli Bäer – »Opus« – »Die Schmetterlinge«
Chor: DÖF, KGB, Tom Petting, Hansi Lang, »Minisex«
Sowie: Elsa Asguedom, Aster Kidane, Solomon Tefera, Jerusalem Negash, Sentayehu Tsehay (äthiopische Studenten in Österreich)

EINIGE NEUE ÖSTERREICHER IN STICHWORTEN: PBH CLUB

Gegründet 2000, Frontman: Benedikt Morak. Mit »Mehr Meer« und »Die Besten« in den österreichischen Charts vertreten. »PBH Club« verstehen sich als Ska-Band und spielen seit 2004 in der heutigen Besetzung. Ihr Song »Die Besten« ist eines der vielen neuen heimischen Lieder zur Euro 2008.

ROCKSTAR AUS KREMS: RONNIE URINI

Eigentlich wollte er Selbstmord begehen, aber dann stieß Ronald Iraschek, besser bekannt als Ronnie Urini, Mitglied der Psychedelic-Combo »The Vogue«, mit der 1981 den »The Frozen Seas of Io« produzierte, 1984 auf den Text »Niemand hilft mir« von Konrad Bayer – das letzte Gedicht, das Bayer vor seinem eigenen Selbstmord schrieb. Beeindruckt verfasste Iraschek Musik dazu, nahm die Nummer zuerst mit Willi Warma und dann mit »Die letzten Poeten« auf und erreichte damit einige Popularität. Mehrere andere Platten von Ronnie Urini & »Die letzten Poeten« folgten.
Später wurde Ronnie Urini, mittlerweile in Ronnie Rocket umgetauft, zum international gefragten Rockmusiker, der seine Karriere auf seiner Website so zusammenfasst:
RONNIE ROCKET spielte mit Musikern von: »The Doors«, »Steppenwolf«, »The Ramones«, »Cream«, »The Stooges«, Sky Saxon & »The Seeds«, »Velvet Underground«, »Love«, Lou Reed, Neil Young, Joan Jett, Jimi Hendrix, Iggy Pop & David Bowie sowie mit Robert Fripp & Nico, Chet Baker & Miles Davis.
Er hatte #1-Hits in Hollywood & Hawaii mit den Liedern »Wild Venus on Wheels« & »Steppenwolf«. Mit »Dead & Gone« war er Platz 2 beim Raw-Power-Song-Festival von San Francisco und mit »Summer Wine« gelang eine europaweite #1-Hitsingle. Sein weltweit meistverkauftes Album war »Metal Thunder«, kreiert in Los Angeles zusammen mit »The Wild Bunch« und Mars Bonfire, dem Autor von »Born to be wild«.
Seine aktuelle Band (seit 2005) heißt »Ultraviolet«.
Urini-Rocket-Iraschek hat auch den populären und preisgekrönten Comic-Strip »Flaschko« von Nicolas Mahler in der Rolle des Flaschko für eine Zeichentrickversion synchronisiert. Die Rolle der Mutter übernahm dabei Hilli »Seniorenclub« Reschl.

ZAWINUL, DER ERDBERG-JOE

Joe Zawinul und seine Musik sind, wie auch die von Karl »Charly« Ratzer oder Harri Stojka, eindeutig außerhalb des wie auch immer definierten Austropop angesiedelt. Dennoch soll hier auf einen weiteren weltweit erfolgreichen zeitgenössischen Musiker aus Österreich nicht vergessen werden. Immerhin hat er 20 Jahre amerikanische Jazz- und Jazz-Rock-Geschichte bedeutend mitgestaltet und hatte u. a. mit »Mercy, Mercy, Mercy« und »Birdland« nachhaltige internationale Erfolge.

MOUTORBOUT

»Moutorbout, Moutorbout, ruadan tua i nua zua Nout.« Diese simple Zeile des Sommerhits von 1984 der steirischen »Kurt Gober Band«, kurz KGB, geht einem auch nach 24 Jahren nicht aus dem Kopf. Sogar Nachgeborene werden durch die Präsenz der Nummer auf diversen Austropop-Kompilationen immer wieder an diese Sternstunde österreichischen Musikschaffens herangeführt, die man trotz zeitlicher Nähe und deutschem Text beim besten Willen nicht zur Neuen Deutschen Welle zählen kann.
KGB sangen übrigens auch noch eine Reihe anderer Lieder und hatten darunter noch zwei in den Charts (»Es war nix« [1984], »Wann i bei dir bin« [1985]), aber keiner kommt an den Erfolg des Liedes über das »Schlauchbout mit Moutor« heran.

BINGO BONGO BOYS

Ein weiterer international erfolgreicher Act aus Österreich waren die »Bingo Boys«.
Sie begannen ihre Karriere Mitte der 80er im U4, bevor sie mit ihrer Nummer »How To Dance« 250 000 Platten verkauften und zur Nummer 1 der US-Dance-Charts aufstiegen. Zusätzlich erreichte die Nummer Platz 25 der Billboard-Charts. Ihr darauf folgendes erstes Album, bescheiden »Best of Bingo Boys« betitelt, verkaufte sich ebenfalls 200 000 Mal.
Eigentlich wollten sie ihren Weg der »qualitativ hochwertigen Dancefloor-Musik« weitergehen und sampelten, nachdem ihnen die Rechtsabteilung der Plattenfirma freie Hand gegeben hatte, munter quer durch die Popgeschichte drauf los. Leider stellte sich später heraus, dass das mit den Rechten doch nicht ganz so einfach war, und so endete die Karriere der »Bingo Boys«, nicht ohne noch einige Top-Ten- und Top-40-Hits in Österreich zu lancieren, und die Beteiligten wandten sich anderen Projekten zu.
Die »Bingo Boys« in den österreichischen Single-Verkaufs-Charts (Titel, Jahr, Höchstplatzierung):

»How to Dance« (1991) #2
»No Woman No Cry« (1991) #10
»Chartbuster« (1992) #5
»Ten More Minutes« (1993) #11
»Sugardaddy« (1994) #4
»No Communication« (1995) #24

CONTEST, NICHT NUR FÜR KIDDIES

Die Nachsing-TV-Kindersendung »Kiddy Contest« des ORF (ursprünglich) und (später auch) RTL gehört zu den erfolgreichsten Musikproduktionen Österreichs, hat bereits etwa 1,3 Millionen Platten verkauft und auch schon einige Stars hervorgebracht: neben den deutschen Sängerinnen LaFee und Elin auch das Duo »Luttenberger*Klug«!

HELLO, COSMETICS

Die Kurzzeitband »Cosmetics« lieferte mit »Hello Man« den Sommerhit von 1981. Die Nummer war zwei Wochen Nummer 1 der Ö3-Charts, acht Wochen in den Verkaufscharts vertreten und ist auf jeder Menge Austro-Sampler zu finden. »Cosmetics« wurde übrigens vor »Chuzpe« bei der Rennbahn-Express-Starwahl 1981 zur erfolgreichsten heimischen Band gewählt.

WELTHITS AUS OBERÖSTERREICH: WATERLOO & ROBINSON

Die internationale Top-Nummer »Hollywood« des oberösterreichischen Duos Waterloo & Robinson wird an einer anderen Stelle des Buches ausgiebig gewürdigt. Aber auch sonst hat das – abgesehen von einer zehnjährigen Trennung – seit 1969 (!) bestehende Duo noch andere Hits und Erfolge vorzuweisen. Mit Titeln wie »Baby Blue«, »My Little World« (Platz 5 beim Song Contest) bzw. »Meine kleine Welt« und »Ich denk noch oft an Marianne / Do you remember Marianne« waren sie in Österreich, der Schweiz und v. a. Deutschland erfolgreich. 2002 schafften sie es mit der »Live Is Life«-Cover-Version »Na Naaa Nanana« nochmal in die österreichische Hitparade.
Hans »Waterloo« Kreuzmayr war zeitweise auch Nebenerwerbsindianer – als Winnetou bei den Karl-May-Festspielen in Winzendorf.

EINIGE BESONDERS SCHÖNE BANDNAMEN

- »Beatrix Neundlinger und die geringfügig Beschäftigten«
- »Graf Hadik und die Flughunde«
- »Dr. Moreau's Creatures/The Moreaus«
- »Schurli und die Motorbienen«
- »Ulli Bäer & die Vorstadtgfraster«

LEGENDEN DES AUSTROPOP: CHRISTINA STÜRMER

Ätsch-Bätsch. Da singt man international erfolgreichen Deutschrock des neuen Jahrtausends – und schon ist man Zack-Peng eine Austropopperin, noch dazu gleich eine Legende. So geht das nun mal in Österreich, dagegen kann sich auch keine Christina Stürmer, die entgegen früherer medialer Bezeichnungen nicht »Christl« genannt werden will, nix machen. Und so ziehen sie und ihre Erfolge sich auch schon quer durch dieses Buch.
Hier noch ein paar Facts über die Vorreiterin aller Neuen Österreicher:

- In Österreich schon Top-Star, musste sie zuerst dennoch in Deutschland bei genau Null anfangen, weil Musik aus Österreich dort schon seit Jahr(zehnt)en keinen oder keinen guten Namen hatte. Was sich aber mit Frau Stürmer definitiv geändert hat.
- Obwohl sie von Anfang an Hochdeutsch sang, musste sie ihr Debüt-Album nochmal noch deutscher einspielen, um in Deutschland erfolgreich zu sein.
- Nach ihrem Erfolg in Deutschland wurde sie kurzfristig zur Multi-Werbeträgerin, kein Reklame-Block ohne sie, egal ob es um Fast Food oder Mobilfunkanbieter ging.
- Aktuell (Juni 2008) kann sie 14 Single-Chart-Erfolge in Österreich vorweisen sowie fünf Alben von denen vier Platz 1 erreichten.
- Das Album »Lebe Lauter« erreichte auch in Deutschland Platz 1.
- Einer ihrer größten Erfolge war bislang wohl der Gewinn des deutschen Musikpreises Echo 2006 – ironischerweise in der Kategorie »Künstlerin Rock/Pop National«.

EINIGE DUNKELGRAUE LIEDER VON LUDWIG HIRSCH

1928
An Euch
Das Geburtstagsgeschenk
Der blade Bua
Der Clown
Der Dorftrottel
Der Herr Haslinger
Der Wolf
Der Zwerg
Die gottverdammte Pleite
Die Omama
Die Spur im Schnee
Happy End
Herbert
I lieg am Ruck'n
Ich hab's wollen wissen
Komm großer schwarzer Vogel
Liebeslied
Spuck den Schnuller aus
Tante Dorothee

MO: VERLIEBTER GANGSTER

Der Wiener Günter »Mo« Mokesch, auch als Schauspieler und Komponist bekannt, hat seit 1983 (»Liebe, Brot und tausend Küsse«) bis in die 2000er hinein eine ganze Reihe von Platten veröffentlicht. Vier davon schafften es in die heimische Hitparade: »If You Want My Love« (1993 – Platz 9), »Smile« (1987 – Platz 14) und »Wild Wild Wild« (1991 – Platz 26); sein größter Hit war aber »Send Me Roses« mit dem er den Platz 9 der Verkaufscharts und sogar Platz 2 in der Ö3-Hitparade erreichte.
Die meisten Platten wurden übrigens unter dem Bandnamen »Mo & The Gangsters in Love« aufgenommen.

SOUNDBITS DER ERINNERUNG: »EINFACH WEG«

... von Anita (1984)

ÖSTERREICH COVERT ÖSTERREICH – TEIL 1 ODER: DIE LP, DIE NIEMALS WAR

1992. Noch darf auf Ö3 auch Musik aus Österreich gespielt werden. Ja, mehr noch, jeden Sonntag um 15.15 Uhr widmet sich »Das rot-weiß-rote Radio« (welches z. B. auch als erste und anfangs einzige Sendung das Auftauchen eines Hubert von Goisern wahrnahm) ausführlich der heimischen Musikszene.
Mehr noch. Nach einer Idee des Journalisten und Produzenten Norman Weichselbaum kommt es zu einer geradezu revolutionären Serie namens »Austro-Karaoke«. Das Konzept: Zu den originalen Playback-Bändern einiger Austro-Hits interpretieren aktuelle Künstler das Lied neu!
So intoniert Hansi Lang »Schau Schatzi« von Georg Danzer, Freddy Gigele »Hollywood« von Waterloo & Robinson, Wolf »Du bist wie Kokain« von Boris Bukowski, Wilfried »Romeo & Julia« von Carl Peyer und Tony Wegas »Strada del sole« von Rainhard Fendrich.
Eine geplante LP dieser oft originellen oder ironischen Interpretationen kam dann allerdings doch nicht zustande.
Nur die Version von Maria Bill »I mecht landen« von Willi »Ostbahn Kurti« Resetarits schaffte es zuerst auf den Sampler »Austria Curiosa 2« und anschließend auf die Ostbahn-Kurti-CDs »KurTiositäten« und »Austropop-Kult«.

ÖSTERREICH COVERT ÖSTERREICH – TEIL 2
ODER: DIE CD, DIE AUS DER TIEFKÜHLTRUHE KAM

Während obiger spannender Austropop-Cover-Sampler acht Jahre zuvor nicht zustande gekommen war, wagten heimische Musikproduzenten mit sowohl der »Wickie, Slime und Paiper«-Retro-Welle als auch dem Deutschland-covert-Deutschland-Projekt »Pop 2000: Das gibt's nur einmal« im Rücken eine ähnliche Veröffentlichung.
Entstanden ist ein eigenwilliger, aber streckenweise amüsanter und sehr höhrenswerter Mix, der allerdings sowohl bei den gewählten Interpreten als auch bei den gecoverten Stücken den Begriff »Austropop« fast noch weiter auslegt, als dieses Buch es tut.
Hier die Track-List:

01 Das Balaton Combo – »I am from Austria« (Rainhard Fendrich)
02 Hubertus Hohenlohe – »Bis zum Himalaja«(Tom Petting)
03 Yellow Mellow – »Touch By Touch« (Joy)
04 Projekt remiX – »Gö, du bleibst heut Nacht bei mir« (STS)
05 Äbyss – »Ruf mich nicht an (Ruaf mi net an)« (Georg Danzer)
06 Jade – »Eismeer« (Minisex)
07 Heinz aus Wien – »Immer wieder geht die Sonne auf« (Udo Jürgens)
08 Nina Proll – »I mecht landen« (Maria Bill)
09 Stermann & Grissemann – »Codo« (DÖF)
10 C-BRA – »Video Life« (Bilgeri)
11 Bluatschink – »Ausgeliefert« (Hansi Dujmic)
12 Sugarplum Fairies – »Wunderwelt« (Klaus Prünster)
13 Georgij Makazaria/Sojuz – »Vienna Calling« (Falco)
14 Fono Dor + Tanga – »Ich möchte bei den Sternen liegen« (Rosachrom)
15 Ausseer Hardbradler – »Go Charlie Go (Go Karli Go)« (EAV)
16 Soulfinger – »Love Machine« (Supermax)
17 Urban Ego – »The Frozen Seas of Io« (The Vogue)
18 Bobbie Singer – »Slow Down« (Andy Baum)
19 Viennese Voodoo – »Du kleiner Spion« (Minisex)

Noch einige Anmerkungen:

- Bluatschink liefert bei »Ausgeliefert« einen Tiroler Rapteil.
- Die Ausseer Hardbradler präsentieren »Go Charlie Go (Go Karli Go)« als Reggae.
- Viennese Voodoo erweitern »Du kleiner Spion« ebenfalls um einen gerappten Teil.

ÖSTERREICH COVERT ÖSTERREICH – TEIL 3 ODER: AMBROS RELOADED

Zwischen 2003 und 2006 fanden sich insgesamt 33 Künstler und Musiker zusammen, um eine Art Tribute-Album zum Schaffen und der Person Wolfgang Ambros zusammenzustellen. Das Ergebnis ist die CD »Ambros Reloaded«, mit folgender Cast- und Tracklist:

»Gezeichnet für's Leben« (Hansi Lang)
»Wie heart des auf« (Konstantin Wecker)
»Baba und foi net« (Wolfgang Böck, Marold)
»Weiß wie Schnee« (Wilfried)
»Heit drah i mi ham« (Danzer, Kurzweil)
»Von Liebe ka Spur« (Monika Ballwein)
»Die Kinett'n« (Franz D.)
»I glaub i geh jetzt« (Joesi Prokopetz)
»Hofa« (Birgit Denk, Chris Lohner)
»A großes Werk« (Andy Baum)

65-67-31

Zwischen dem 3. Februar 1980 und dem 7. Januar 1990 gab es nach fünfjähriger Pause eine neue Hitparadensendung auf Ö3: »Hit wähl mit« mit anfangs Hans Leitinger und später Udo Huber. Danach wurde sie zuerst durch die »Ö3 Austria Top 30« und dann die »Ö3 Austria Top 40« abgelöst, die nur auf den Verkäufen und nicht wie »Hit wähl mit« auf einem Wertungs-Mix (Hörer: 25%, Juroren: 25%, Plattenläden: 40%, Industrie: 10%) basierte.

Hier alle österreichischen »Hit wähl mit«-Nummer-1-Hits (Quelle: austriancharts.at):

1981

19.07.1981	»Hello Man«, Cosmetics	2 Wochen
13.12.1981	»Schickeria«, Rainhard Fendrich	2 Wochen
27.12.1981	»Der Kommissar«, Falco	1 Woche

1982

10.01.1982	»Der Kommissar«, Falco	1 Woche
11.07.1982	»Oben ohne«, Rainhard Fendrich	6 Wochen

1983

23.01.1983	»Lonely«, Drahdiwaberl & Lukas Resetarits	1 Woche
12.06.1983	»Codo«, Tauchen & Prokopetz	7 Wochen

1984

03.06.1984	»Es war nix«, KGB	1 Woche
29.07.1984	»Fürstenfeld«, STS	7 Wochen
23.09.1984	»Motorboot«, KGB	1 Woche

1985

27.01.1985	»Live Is Life«, Opus	7 Wochen
31.03.1985	»Segel im Wind«, Peter Cornelius	5 Wochen
05.05.1985	»Warum«, Austria für Afrika	1 Woche
12.05.1985	»Rock Me Amadeus«, Falco	6 Wochen
04.08.1985	»Geh no net furt«, Sigi Maron	1 Woche
18.08.1985	»Geh no net furt«, Sigi Maron	1 Woche
01.09.1985	»Irgendwann bleib i dann dort«, STS	1 Woche
27.10.1985	»Vienna Calling«, Falco	4 Wochen
29.12.1985	»Jeanny«, Falco	8 Wochen

1986

23.02.1986	»Mei potschertes Leb'n«, Hans Orsolics	3 Wochen
06.04.1986	»Märchenprinz«, EAV	1 Woche
20.04.1986	»Märchenprinz«, EAV	2 Wochen
16.11.1986	»Coming Home«, Falco	1 Woche
30.11.1986	»Coming Home«, Falco	3 Wochen

1987

04.01.1987	»Schwarze Madonna«, Contact	1 Woche
29.03.1987	»Some Girls Are Ladies«, Bilgeri	8 Wochen
13.09.1987	»Missing You«, Bilgeri	2 Wochen
15.11.1987	»Küss' die Hand schöne Frau«, EAV	4 Wochen

1988

03.04.1988	»Yiasou«, Curacao	3 Wochen
12.06.1988	»Don't Say No«, Dew Mitch (Dujmic)	2 Wochen
03.07.1988	»Don't Say No«, Dew Mitch (Dujmic)	1 Woche
07.08.1988	»Oh! Darling!«, Etta Scollo	4 Wochen
04.09.1988	»Macho Macho«, Rainhard Fendrich	1 Woche

18.09.1988	»Macho Macho«, Rainhard Fendrich	2 Wochen
02.10.1988	»Wiener Blut«, Falco	1 Woche
16.10.1988	»Wiener Blut«, Falco	1 Woche
13.11.1988	»Bring Me Edelweiss«, Edelweiss	1 Woche
20.11.1988	»Stop«, Sam Brown	1 Woche
27.11.1988	»Bring Me Edelweiss«, Edelweiss	4 Wochen

1989

01.01.1989	»Bring Me Edelweiss«, Edelweiss	2 Wochen
14.05.1989	»Nur ein Lied«, Thomas Forstner	9 Wochen
16.07.1989	»Love Is Free«, Bilgeri	6 Wochen
03.09.1989	»Flamenco Turistico«, Stefanie Werger	2 Wochen
29.10.1989	»Trag meine Liebe wie einen Mantel«, Boris Bukowski	1 Woche
19.11.1989	»Trag meine Liebe wie einen Mantel«, Boris Bukowski	2 Wochen

OHO

Eigentlich zur Finanzierung ihres Studiums gründeten Anfang der 70er-Jahre der spätere Bestsellerautor Michael Köhlmeier und der spätere (Austro)Popstar Reinhold Bilgeri das Kabarett-Musik-Duo »Bilgeri & Köhlmeier«. Im Rahmen einer von ihnen gestalteten Kabarettreihe für den ORF präsentierten sie auch das patriotisch-spöttische Lied »Oho Vorarlberg«, das von einem Kollegen ohne Wissen des Duos bei der TV-Sendung »Showchance« eingereicht wurde. Wenig erfreut und voller Verweigerung traten die beiden widerstrebend an – und gewannen die »Showchance 1973«. Die Single von »Oho Vorarlberg« (mit der B-Seite: »'s Volk ischt halt z'blöd«) erschien unter dem Namen Ray & Mick, eine LP (»Oh wie lacht«) folgte bald darauf.
Doch die Band hatte auch mit anderen Liedern wie »Strumpfbandgürtelblues« oder »Frankfurt« Erfolg. Später trennten sich ihre Wege.
Bis sie sich 1995 auf eine umjubelte Reunion-Tour auf 15 ausverkaufte Bühnen begaben, die 1996 auch als Doppel-CD und Video unter dem Titel »Live« erschien.

DARF ICH MICH VORSTELLEN: PETER SCHLEICHER

Übersetzungen von internationalen Hits ins Wienerische (oder Steirische) gibt es im Austropop nicht selten. Einer, der das sehr früh und sehr konsequent betrieben hat, ist Peter Schleicher. Mit »Hart auf Hart (We Love You)« schaffte er es 1979 sogar in die Hitparade und in einen Artikel in »Rock« mit dem Titel »Endlich einmal Österreicher«. (Eine derartige Titelzeile würde man sich heute auch in so manchem Bericht über heimische Musik wünschen.)
Hier die Tracklist der LP »Steinzeit«:

1. »Die Beisl Hua«	(Honky Tonk Women)
2. »Des geht net eine bei mir«	(Get Off My Cloud)
3. »Man rennt net min Kopf durch die Wand«	(You Can't Always Get What You Want)
4. »Heut gemma ham mitanander«	(Let's Spend The Night Together)
5. »Der Teufel in Euch«	(Sympathy For The Devil)
6. »Der letzte Fetzentandler von Wien«	(Jumpin' Jack Flash)
7. »Der Tod vor der Tür«	(Gimme Shelter)
8. »Des kennt unser End sein«	(The Last Time)
9. »Hart auf Hart«	(We Love You)
10. »Salz der Erde«	(Salt Of The Earth)

DIE MULTI-TEILNEHMERIN: MONIKA IVKIC

Drei Mal beworben, drei Mal dabei, drei Mal ausgeschieden. So liest sich die Bilanz von Monika Ivkic, die den seltsamen Rekord aufgestellt hat, an drei TV-Musik-Castingshows teilzunehmen.
Nachdem es bei »Popstars« 2004 auf Prosieben nicht geklappt hatte, wurde ihr 2006 die zweifelhafte Ehre zuteil, als allererste Teilnehmerin bei »Starmania« (3. Staffel) auszuscheiden, was bei vielen, die ihre Stimmgewalt bei den Proben erlebt hatten, geradezu einen Schock auslöste. Die allgemeine Erklärungstendenz (auch von »Starmania«-Stimme der Nation Markus Spiegel) ging in die Richtung, dass zu wenig Leute für sie gevotet hatten, da man sie ohnehin als »sicher drin« angesehen hatte. Monika sang tapfer und Casio-Orgel-begleitet »Ana hot imma des Bummerl« in die Kamera des ORF-Webreporters und ... bewarb sich gleich darauf bei »Deutschland sucht den Superstar« (RTL), wo sie sogar »Schlächter« Dieter Bohlen über den grünen Klee lobte, und sie im Endeffekt Platz 4 erreichte. Vielleicht wird's jetzt doch noch was mit der Karriere als Popstar.

DER AUSTROFRED

Nicht jede völlig absurde Idee ist automatisch schlecht oder zum Scheitern verurteilt.

Das kann man am Bespiel von Franz Adrian Wenzl alias Austrofred recht gut nachvollziehen. Zugegeben, die Eingebung, Hits der unsterblichen englischen Popgruppe »Queen« nicht nur auf Deutsch zu singen, sondern gleich mit Texten von Austropop-Liedern zu versehen, klingt nach Sperrstunde und viel zu vielen Vierterln.

Aber wenn man diese Idee quasi wie eine Mission lebt, dann erhält man eben Austrofred, und damit einen durchaus amüsanten Showact. Mit nicht zu verachtenden Erfolgen:

- Fitness-Video: »Fit mit Austrofred«
- eigene TV-Sendung »Hello Austrofred – Hello Vienna« (OKTO)
- die Reihe »Austrofred-Gala« im Wiener Rabenhof Theater (Klavier: Thomas Rabitsch)

Hier gleich noch eine Liste einiger Austrofred-Austropop-Queen-Coverversionen:

»A Freind is a Freind«	= »Friends Will Be Friends« zum Text von »Großvater« (STS)
»A Mensch möcht I bleibn«	= »One Vision« zum Text von »A Mensch möcht i bleibn« (Wolfgang Ambros)
»Amadeus«	= »Under Pressure« zum Text von »Rock Me Amadeus« (Falco)
»An Macho hoit nix auf«	= »Don't Stop Me Now« zum Text von »Macho, Macho« (Rainhard Fendrich)
»Autofriedhof«	= »The Great Pretender« zum Text von »Zweierbeziehung« (Rainhard Fendrich)
»Banküberfall«	= »Tie Your Mother Down« zum Text von »Banküberfall« (EAV)
»Die Blume aus dem Gemeindebau«	= »Crazy Little Thing Called Love« zum Text von »Die Blume aus dem Gemeindebau« (Wolfgang Ambros)
»Du entschuldige, i kenn di«	= »It's a Hard Life« zum Text von »Du entschuldige, i kenn di« (Peter Cornelius)

»Eich Dodln gib i Gas«	= »Another One Bites the Dust« zum Text von »Zwickts mi« (Wolfgang Ambros)
»I lieg am Ruckn«	= »Love of My Life« zum Text von »I lieg am Ruckn« (Ludwig Hirsch)
»I wü ham«	= »The Show Must Go On« zum Text von »Fürstenfeld« (STS)
»Irgendwann bleib i dann dort«	= »I Want to Break Free« zum Text von »Irgendwann bleib i dann dort« (STS)
»Ruaf mi net an«	= »Hammer to Fall« zum Text von »Ruaf mi net an« (Georg Danzer)
»Schifoan«	= »We Will Rock You« zum Text von »Schifoan« (Wolfgang Ambros)

LEGENDEN DES AUSTROPOP: BILGERI

Reinhold Bilgeri, der »Rock-Professor« aus Vorarlberg, war drauf und dran noch vor Falco der erste internationale österreichische Popstar zu werden. Streitereien und ein langer Prozess mit seinem Produzenten beendeten diesen Weg jedoch vorzeitig. Dennoch hat Bilgeri einiges vorzuweisen und ist noch immer aktiv.

Hier ein paar Facts;

- Zwischen 1981 und 2005 hatte Bilgeri 15 Lieder in den österreichischen Charts (nach anderen Quellen über 20).
- »Some Girls Are Ladies« erreichte 1987 Platz 1.
- Er tourte als Vorgruppe u. a. für »Deep Purple«, »Whitesnake«, »Status Quo«, »Nazareth«, und »Colosseum« durch Europa.
- »Video Life« (1981), die erste österreichische Rap-Nummer noch vor Falcos »Der Kommissar«, wurde ein internationaler Hit und erreichte sogar in Brasilien und Argentinien die Nummer 1.
- Er tourte weltweit, bis nach Südostasien.
- Das Lied »Der Kommissar« wurde zuerst ihm angeboten, aber er lehnte die Nummer ab.
- Aktuell ist Reinhold Bilgeri auch als Buchautor und Jazz-Musiker tätig und erfolgreich.

DER WAHRE NACKERTE

In einem Interview erzählte Georg Danzer einmal, wie es zu seiner Nummer »Jö schau« gekommen ist. Er sei als junger Musiker angezogen vom damals schon legendären Ruf des Künstler- und Intellektuellen-Cafés Hawelka ebenfalls dorthin gepilgert und habe auch prompt eine Reihe bedeutender Prominenter an den Tischen vorgefunden. Zwischen all diesen Größen habe er sich gefühlt wie nackt, meinte Danzer. Und so sei die Idee zu der Nummer mit dem »Nackerten im Hawelka« entstanden.

EINIGE ÄNGSTE IM AUSTROPOP

André Heller – »Angstlied«
Georg Danzer – »Keine Angst«
Hallucination Company/Hansi Lang – »Keine Angst«
Hallucination Company – »Keine Angst vor nix«
Hansi Lang – »Angst«
Ludwig Hirsch – »Angst«
Lukas Perman – »Die Angst«
Manuel Ortega – »Hob ka Angst«
Maria Bill – »Ich will keine Angst haben«
Mordbuben AG – »Angst vor'm Rock 'n' Roll«
Rainhard Fendrich – »Angst«
STS – »Angsthas'«

SURFIN' MANFRED DEIX

Nicht nur Arik Brauer, auch andere Meister des Pinsels haben sich im Laufe der Zeit in Österreich gesanglich betätigt. Nicht zuletzt der Karikaturist, Multi-Katzenbesitzer und größte »Beach Boys«-Fan auf Gottes weiter Erde – Manfred Deix.

In der Tradition der Dialekt-Cover-Versionen internationaler Hits zwischen Ambros und STS, spielten »Deix & die Good Vibrations Band« 1995 Lieder der »Beach Boys« unter dem Titel »Musik aus Ameriga« in ostösterreichischem Dialekt ein. Manfred Deix hat dabei die Lieder übersetzt und singt. Auf der Platte finden sich außerdem zwei Originalsongs von Deix, »Die Weiber« und »Liebe Beach Boys«.

WIE DAS MIT DEM »HOFA« WAR …

Die Idee zum »Hofa« kam Texter Joesi Prokopetz 1971 mit 19 während er in den Ferien im Auftrag einer Bodenlegerfirma einen Gang spachtelte (vermutlich in der Semmelweißklinik). Plötzlich schoß ihm dabei die erste Textzeile ein: »Schau do liagt a Leich im Rinnsal, 's Bluat rinnt in Kanö«. Zu Hause schrieb er dann den Text in einem Sitz fertig. Den zeigte er seinem Schulfreund Wolfgang Ambros, der ihn in rund 20 Minuten vertonte. Produzent und Tonmeister Peter Müller unterlegte das Ganze noch mit einem äußerst schrägen Sound – und eine der mehreren fast zeitgleich erfolgten Geburtsstunden des Austropop urknallte in Österreich, mit Erschütterungen in jedem Wohnzimmer und Reststrahlung, die noch bis heute messbar ist.

- Es gibt auch mehrer englische Versionen des Liedes, eine von Ambros selbst, dann »Jones Form Nr. 3« des Ambros-Freundes Stuart Matthews und dann 1988 die punkige Chuzpe-Version »Hooper«, die den Originalautoren so gut gefiel, dass sie in dem nachgelieferten Billig-Video als Statisten mitspielten. Die andere Seite der Chuzpe-Single wurde mit einer deutschen Cover-Version besungen.
- Weitere deutschsprachige Cover-Versionen stammen von »Den Echten« (2006) und Birgit Denk (mit Chris Lohner als Hausmeisterin, 2006) sowie von Joesi Prokopetz selbst (1996 mit dem Duo Emersberger/Hojsa).
- Übrigens: Danach gefragt, was er eigentlich als seinen Durchbruch erlebt habe, antwortete Wolfgang Ambros in einem Interview: »Nicht mehr als ›Hofa‹ angesprochen zu werden«.

DANA INTERNATIONAL: DANA GILLESPIE

Dana Gillespie war mit »Move Your Body Close To Me« (1984) für 16 Wochen in den Verkaufscharts mit dem Peak auf Platz 3. Die englische Schauspielerin und Sängerin mit österreichischen Wurzeln, deren Geburtsname »Richenda Antoinette de Winterstein Gillespie« lautet, hat natürlich auch davor (Folk, Musical – sie war die originale Maria Magdalene in der ersten Londoner Produktion von »Jesus Christ Superstar«) und danach (Blues, Boogie Woogie, Indische Musik) musikalisch viel geleistet, »Move Your Body Close To Me« blieb aber ihr einziger Ausflug in die heimischen – und europäischen! – Pop-Charts.

EINIGE MUSICALS

...von Udo Jürgens:	»Helden«, 1973
... von Ambros & Danzer:	»Fäustling«, 1973
	»Karli«, 1976
... von Ambros/Tauchen/ Prokopetz:	»Der Watzmann ruft« (eigentlich ein »Rustical«), 1974
	»Schaffnerlos (Die letzte Fahrt des Schaffners Fritz Knottek)«, 1978
	»Augustin (Eine Geschichte aus Wien)«, 1981
... von Günter (»Ostbahn Kurti«) Brödl:	»Wem gehört der Rock 'n' Roll«, 1979
... von Rainhard Fendrich (& Harold Faltermeyer):	»Wake Up«, 2002
... von »Bluatschink«:	»Ritter Rüdiger«, 2007
... von den »Schmetterlingen«:	»Proletenpassion« (eigentlich ein »politisches Oratorium«), 1976
... ausschließlich mit Liedern von Udo Jürgens:	»Ich war noch niemals in New York«, 2007
... über Falco:	»Falco meets Amadeus«, 2000
	»F@lco A Cyber Show«, 2000

FALSCHER ANDREAS

Nach einer internen Beschwerde von ORF-Chef Gerhard Bacher – im österreichischen Runfunk heiße niemand »André« sondern »Andreas«! – präsentierte André Heller einige Sendungen brav als »Andreas Heller«. Allerdings heißt Heller in Wirklichkeit Franz.

AUCH EIN RADIO-HIT

Irgendwann in den 70ern schaffte es ein Lied mit dem Titel »Ich bin der Meinung (Die Burenwurst)«, das von – ein und demselben – Imitator mit den Stimmen von Bruno Kreisky und Josef Taus vorgetragen wurde, zu einigem Airplay.

WIENMUSIKALISCHER BLUTRAUSCH

Unter dem schönen Titel »Wiener Blutrausch« versammelte sich 1978 der Wiener »Untergrund« zu einer Art NDW-Platte. Und das drei Jahre vor dem von den meisten Experten als Beginn der Neuen Deutschen Welle angesetzten Lied »Eisbär« der Schweizer Gruppe »Grauzone«.
Auf dem legendären »Blutrausch«-Sampler sangen und werkten:

A1 »Kaiserhymne/Pink Punk Shirt« – Drahdiwaberl
A2 »Low And Order Man« – Drahdiwaberl
A3 »Tropic Chaotic«– Minisex
A4 »Valium«– Minisex
A5 »Dark Visions« – Minisex
A6 »Infrarot Klosett« – Metzlutzkas Erben
B1 »Panik/Alanig« – Chuzpe
B2 »Beislanarchie« – Chuzpe
B3 »Terror in Klein-Babylon« – Chuzpe
B4 »Mordbuben AG« – Mordbuben AG
B5 »Mi hat, mi hat der Größenwahn« – Mordbuben AG
B6 »Heimatland« – Mordbuben AG
B7 »Weg vom Fenster« – Metzlutzkas Erben

1981 setzte dann der »Wienmusik«-Sampler diese Tradition des Undergroundigen mit teilweise anderen Protagonisten fort. Und war zugleich der Grundstein des legendären »Schalter«-Labels. Hier die Tracks:

A1 »Radio Radio« – Tom Pettings Hertzattacken
A2 »Push« – Minisex
A3 »Spy« – Standart Oil
A4 »Du brichst mein Herz« – Rosachrom
A5 »You're Trying To Tell Me« – Novak's Kapelle
B1 »Fühlen Sie die Macht« – Ernste Jugend
B2 »Ist gut« – Leider Keine Millionäre
B3 »Get Away Dark Side« – Roter Rot
B4 »La plage« – Flamingo
B5 »Neapolytaner« – Gelbe Zone
B6 »Die Straße ist nass« – Peter Weibel & Hotel Morphila Orchester

EINIGE ÜBERSCHNEIDUNGEN VON LUKAS RESETARITS MIT DEM AUSTROPOP

- Der Text zu »Boom Boom Boomerang«, dem Song-Contest-Beitrag der »Schmetterlinge«, stammt, wie auch andere Texte der Gruppe, von ihm.
- Mit »Lonely« stürmte er zusammen mit »Drahdiwaberl« die österreichische Hitparade.
- Auch mit »Lonely Boy« (Kottans Kapelle & Johann K. feat. Lukas Resetarits) landete er einen Chart-Erfolg.
- Auf der LP von Kottans Kapelle ist er einer der Vokalisten.
- Musikdatenbanken spucken auch Mitgliedschaften bei den Bands »Jerry and the G-Men« sowie »3 Resetarits« (mit seinen Brüdern Willi und Peter) aus.
- Im Harald-Sicheritz-Film »Freispiel« mimt Resetarits die fiktive Rolle des Roland Pokorny, eines in die Jahre gekommenen Austropopstars der Marke Ambros.

TONI, DER POLSTERER

- Als Fußballstar Toni Polster sich in den Fußstapfen von Hans Krankl auch dem Singen zuwandte, nahm das anfangs kaum jemand ernst. Aber mittlerweile kann er auch auf dem Gebiet durchaus als arriviert gelten. Selbst stets bescheiden meint Polster dazu: »Paverotti und Callas leben nicht mehr, von daher seh' ich mich als legitimen Nachfolger.«
- Der Einstand 1997 mit den »Fabulösen Thekenschlampen« war eigentlich eine Hymne an ihn. »Toni lass es polstern« brachte ihn aber bereits in die Charts.
- Auch sein zweiter Chartplatz 2006 handelt von ihm selbst und ist ein gemeinsames Gesangswerk: »Toni, Walk On!« von Toni Polster und »Achtung Liebe« (mit denen er seine aktuelle Erfolgs-CD »12 Meistertitel« produzierte).
- Interessante Duette sind überhaupt Polsters Spezialität, sei es »Auf alle Fälle 2 Bälle« von Antonia feat. Sandra & Toni Polster oder das grün-violette Duett »Zwa wia mia zwa« mit Hans Krankl (ein Georg-Danzer-Cover).
- Eine Solozeile hatte er auch bereits im Udo-Jürgens-WM-Song »Wunderknaben« von 1998 (Udo Jürgens und das österreichische Fußball Nationalteam).

KÖPFERL IM SAND

Der bekannte Maler Arik Brauer, der wie sein Kollege des Phantastischen Realismus Friedensreich Hundertwasser auch ein Haus in Wien architektonisch gestaltete, kann ebenfalls auf eine satte musikalische Karriere mit einigen Dutzend Liedern zur Zeit der Dialektwelle und Protestsänger zurückblicken.

In Erinnerung blieben jedenfalls »Sie habn a Haus baut« und »Sein Köpferl im Sand«, ein wie er am Anfang ironisch ankündigt: »Protestlied auch gegen sich selbst«.

In den 80er-Jahren moderierte er auch eine eigene Fernsehshow und 2002 gestaltete er im Rahmen eines internationalen Projekts den österreichischen »United Buddy Bear«.

SOUNDBITS (DER ERINNERUNG): »RISING GIRL«

... von Rising Girl (2005)

EINIGE DANCING-STARS DES AUSTROPOP

1. Staffel:
- »Mad« Mat Schuh (aus in der ersten Runde)

2. Staffel:
- Simone (aus in der sechsten Runde)
- Manuel Ortega (Sieger der Staffel)

3. Staffel
- Timna Brauer (aus in der ersten Runde)
- Nina Proll (aus in der sechsten Runde)
- Michael Tschuggnall (aus in der siebenten Runde)
- Sabine »Zabine« Kapfinger (aus in der achten Runde)
- Klaus Eberhartinger (Sieger der Staffel)

4. Staffel
- Waterloo (aus in der siebenten Runde)
- Elisabeth »Lizzy« Engstler (Finalistin, letztlich 2. Platz)

SHOWTREPPE

Auf eine eigene Straße hat er's zwar noch nicht gebracht, aber immerhin wurde bereits eine andere Verkehrsfläche nach Hans Hölzel benannt: Seit 2003 heißen einige Stufen im 5. Wiener Gemeindebezirk vom Ende des Naschmarkts hinunter zur Rechten Wienzeile offiziell »Falcostiege«. Nachzulesen in jedem aktuellen Straßenverzeichnis.

CHRISTIAN KOLONOVITS, DER PATE

- Christian Kolonovits ist der eigentliche »Mr. Austropop«. Die Menge der von ihm komponierten, arrangierten, produzierten, getexteten oder auch vorgetragenen Austrohits würden hier mehrere Seiten füllen. U. a. kollaborierte er mit Waterloo & Robinson, den »Schmetterlingen«, Wolfgang Ambros, Georg Danzer, Peter Cornelius, Rainhard Fendrich, Ludwig Hirsch, STS, Maria Bill, Stefanie Werger, EAV, Tony Wegas, Franz Morak und »Supermax«.
- Aber auch für und mit Stephan Remmler, Boney M., Plácido Domingo, José Carreras, Luciano Pavarotti, Kiri Te Kanawa, Agnes Baltsa, Sarah Brightman, Helmut Lotti, DJ Bobo, Michael Bolton, José Feliciano, Albano Carrisi, Patricia Kaas und den »Scorpions« hat Kolonovits schon gearbeitet.
- Übrigens war Kolonovits von 1970 bis 1972 auch Mitglied der »Milestones«, der Vorgängerband der »Schmetterlinge«.
- Und mit den Wiener Symphonikern nahm er 1986 die weltweit erste Interpretation von Popnummern durch ein klassisches Orchester auf: Das »V.S.O.P. Vienna Symphonic Orchestra Project« wurde (wie der ebenfalls von ihm stammende »Waterloo & Robinson«-Titel »Hollywood«) ein Welterfolg.

HEIMLICHER AUSTROPOP-HIT

Diesen Song wird man vergeblich in Österreich-Compilations suchen, aber Herbert Grönemeyers Lied »Ich hab dich lieb« ist ein echter Austro-Hit.
Und zwar insofern, als die Nummer nur in Österreich ein Hit war und ist. In Deutschland ist sie wenig bis gar nicht bekannt.
In Österreich eroberte das 1980 aufgenommene Lied in einer Live-Version 1996 die Hitparade – und darf seitdem bei keinem Auftritt Grönemeyers hierzulande fehlen. Wobei er sie auch hierzulande selten singt: Meistens übernimmt das Publikum das für ihn ...

PROTOTYPISCHES PROTESTLIED

Sigi Maron ist ein prototypischer »Protestsänger«. Mit welcher Virtuosität und gleichzeitig bissigen Ironie er dabei zu Werke geht, zeigt u. a. das Lied »Morgengruß«, das durchaus aus seiner eigenen Erfahrung – er sitzt seit seiner Jugend im Rollstuhl – stammt.
Hier der Textanfang:
Morgengruß (Text: Sigi Maron, Musik: Peter Wolf)

»Guten Morgen, Herr Architekt!
Hat das Frühstück geschmeckt?
Sie kommen mir wie gerufen –
wie komm ich hier über die Stufen?
In die Wohnung, die nach ihren Plänen
– unterlassen Sie bitte das Gähnen –
errichtet,
hat man mir berichtet.

Endlos die Stufen
im Klotz, den sie da schufen.
Was, es wären nur sieben?
Hurra, dann werde ich üben!
Um mit sieben kräftigen Schüben
an Sonnentagen und an trüben
die Stufen zu überwinden.
(...)

KLASSISCHER ANFANG

»Vienna Calling« von Falco beginnt mit dem Donauwalzer.

SOUNDBITS DER ERINNERUNG: »DU HAST ’N FREUND IN MIR«

... von Heli Deinböck und Klaus Lage (1996)

DER OVERALL IM AUSTROPOP

»Die Großen 10« – »Udo Huber« – »Overall«. Diese Begriffe scheinen für alle Österreicher, welche die 80er-Jahre bewusst erlebt haben, synonym. Dabei schwört Udo Huber Stein und Bein, dass er das außergewöhnliche Kleidungsstück nur ein Jahr lang im Fernsehen getragen hat.
Wie auch immer, eingeführt hat den Overall in den Austropop nicht Huber. Viele Bands der 60er und frühen 70er gewandeten sich gelegentlich in Einteiler, wie etwa »Die Schmetterlinge« inkl. Willi »Ostbahn Kurti« Resetarits bei ihrem Song-Contest-Auftritt. Und als »König des Overalls« müsste eigentlich Andre Hellér gelten: Die Fotos von Heller in einem unbeschreiblichen Silberstück sind der Beweis.

EINIGE NEUE ÖSTERREICHER IN STICHWORTEN: ERIC PAPILAYA

Schon während seiner Zeit als »Starmaniac« (Fünfter der 3. Staffel) fiel der aus Vöcklabruck stammende Eric Papilaya als ungeheures Showtalent und großartiger Sänger auf. Durch sein Ausscheiden konnte er seine erste Single, »Alles, was du bist«, bereits in der letzten Folge der TV-Casting-Show präsentieren. Mit »Get A Life – Get Alive«, einem Song, der eigentlich für Anastacia geschrieben wurde und auch der offizielle Song des Life Balls 2007 war, vertrat er – ebenfalls 2007 – Österreich beim Eurovision Song Contest, schied aber bereits im Semifinale aus – obwohl er eigentlich schon für sein Kostüm (eine getragene Ganz-Körper-Red-Ribbon-Schleife) zwölf Punkte verdient hätte. In Österreich erreichte das Lied Platz 9 der Verkaufscharts.
Eigentlich wollte Eric seine Karriere als »Ric« bestreiten, was ihm aber vom Handelsgericht Wien untersagt wurde, um eine Verwechslung mit dem unter dem Namen »RIK« auftretenden Linzer Liedermacher Richard Benedik auszuschließen.

MARIO HAT SCHWEIN

Mario Lang, »Starmania«-Finalist und Neuer Österreicher, hat ein Hängebauchschwein als Haustier. In Erinnerung an den gestrengen »Starmania«-Juror (und Universal-Plattenboss) Hannes Eder heißt das kleine – Hannes Eber.

Song Contest, wir kommen! Thomas Forstner und »Nur ein Lied«-Komponist Dieter Bohlen erklimmen den Küniglberg (1989).

Young, Strong and Healthy: Kurzzeit-Austropopper Otto Wanz 1993

Stefan Weber in Aktion (2006)

Jazz Gitti mondän: Dreharbeite zu »Liebe, Lügen, Leidenschafte (2002)

Schon Neuer Österreicher bevor es Neue Österreicher gab: Marque (2005)

Dancing Star, Fast-Matcher und Nacktläufer: Manuel Ortega bei Song Contest 2002

Einfach Poier, einfach Alf (2005)

Die Retterin des Austropop in spe als »Starmania«-Küken: Christina Stürmer 2003

Ein Ass im Ring und in den Charts: Hanseee Orsolics (ca. 1968)

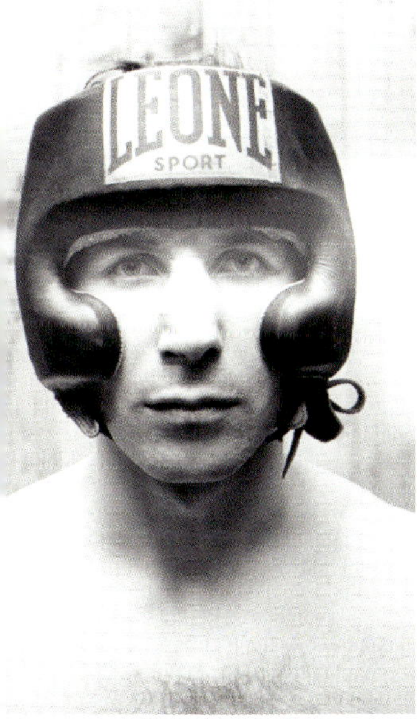

The Max: »Supermax« Kurt Hauenstein 2004 beim Fußball WM-Qualifikationsspiel Österreich – Polen (Endstand 1:3)

A3 in Concert: Heldenplatz 2003

Gegenwart und Zukur
und heimischer Musi

Die anderen »Austria 3«: Krankl,
Polster, Prohaska (2004)

Konzert der etwas an-
geben sich's mal wiede
im Wiener

es Austropop? DJ Ötzi
'achwuchs (2003)

Musikalisches Cross-Over: Boris Bukowski, Wilfried, Dennis Jale und Hans Theessink beim 67. Geburtstagsfestkonzert von Elvis 2004

ı Art: »Drahdiwaberl«
'und zwar am Life Ball
Rathaus 2008).

Die Klampfen-Brüder geigen auf:
STS 2006

»Austria 6«: Christian Kolonovits, Georg Danzer, Rainhard Fendrich, Wolfgang Ambros, Klaus Eberhartinger und Ludwig Hirsch (2005).

Die EAV ordinieren bei Carmen Nebel (2008).

Waterloo und Robinson forever: Altherren-Duo anno 2005

Rapid ist Meister: Rainhard Fendrich feiert (2008).

*Schöne Neue Österreicherinnen: »Luttenberger*Klug« (2007)*

Des is a Wööd-Musi: Willi Resetarits mit Hubert von Goisern (Donauinselfest 2007)

AUSTRIA 2

Ein seltenes Filmdokument zeigt einen recht jungen Wolfgang Ambros und ebensolchen Georg Danzer 1976 bei einer gemeinsamen Session des Danzer-Liedes »Ruaf mi net an«. Eine Art vorweggenommene »A3«-Performance minus Rainhard Fendrich.
Wo immer diese Aufnahme auch entstand, es muss sehr kalt gewesen sein, denn beim Singen ist der Atem der beiden Sänger als weiße Schwade zu sehen.

SOUNDBITS DER ERINNERUNG: »HEXEN (HEXEN BIS ZUM MORGEN)«

... von »Ecco« (1987)

EINIGE AUTHENTISCH UND NICHT SO AUTHENTISCH WIRKENDE AUSTROPOP-PERFORMER

Authentisch:
Wolfgang Ambros
Georg Danzer
Christina Stürmer
Stefanie Werger

Nicht so authentisch:
Rainhard Fendrich
Franz Morak
Ludwig Hirsch
André Heller
Bilgeri
Stefan »Drahdiwaberl« Weber
Falco

IM SPOTLIGHT: HUBERTUS HOHENLOHE

Hubertus (von) Hohenlohe(-Langenburg) war nicht nur aktiver Schirennläufer (für Mexiko), sondern hat auch einige Lieder veröffentlicht, von denen es aber nur eines (»Hollywood«) 2004 in die unteren Ränge der österreichischen Charts schaffte.

KLEINER SEX

Der Name der Austro-Punk-, später NDW-Band »Minisex« leitet sich angeblich davon ab, dass die Gründer sehr von der legendären britischen Punk-Band »Sex Pistols« beeindruckt waren und gern auch so etwas in der Art gemacht hätten. Als Referenz und gleichzeitig in bescheidener Einschätzung der eigenen Mittel und Fähigkeiten wählte die Gruppe den Namen »Minisex«.

SIDESTEP RATZER UND GYPSIE LOVE

»Gypsie Love« war eine legendäre österreichische Band der 70er-Jahre, in der u. a. Kurt Hauenstein, Richard Schönherz, Jano Stojka und Peter Wolf mitspielten. Und natürlich die Gitarrenlegende Charly Ratzer, der als Jazzer auch in den USA nachhaltige Erfolge feierte. Eine wichtige Grundlage für den Austropop, wenn auch nicht wirklich innerhalb selbst weiter Definitionsgrenzen.

AUSTRIA GELECKT

In den Jahren 1993 und 1994 veröffentlichte die österreichische Post drei Briefmarken der Serie »Austropop«, welche die Musik der jeweils Gewürdigten grafisch einzufangen suchen. Die erste Briefmarke erschien am 3. September 1993 und hatte einen Wert von 5,50 Schilling.
Sie waren gewidmet:

- Ludwig Hirsch (1993)
- Rainhard Fendrich (1993)
- Falco (1994)

RESUMÉ

Wolfgang Ambros, 2007:
»I hätt ma mit 17 schon gedacht, dass i's weiterbring als bis nach, waas ned, Weiden in der Oberpfalz, aber so wia's halt is, es is ok. Es ist ok.«
(Quelle: »Weltberühmt in Österreich – 50 Jahre Austropop«)

BRIGITTE JAZZT: JAZZ GITTI

Sie heißt nicht Brigitte und ihre (bekannten) Performances haben nichts mit Jazz zu tun. Vielmehr ist die »Jazz Gitti« eine Kategorie und Klasse für sich. Bürgerlich Martha Butbul geheißen, nicht zu verwechseln mit ihrer ebenfalls singenden Tochter Shlomit Butbul, ist sie besonders als Live-Act und Stimmungskanone berühmt. Musikalisch liegen ihre Lieder wie »A Wunda« oder »Tramway foarn« knapp an der Schlager- und Wienerliedgrenze, wenn nicht schon jenseits. Ihre Erfolge können sich aber sehen lassen: Die LP »A Wunda« erreichte Dreifach-Platin, »Hoppala« Gold und Platin. Mit der Single »Kränk' di net« erreichte sie mit ihren »Discokillers« 1991 Platz drei der heimischen Charts. Dabei hatte sie, abgesehen von ihrer Karriere als Wirtin von Musiklokalen (1. Wiener Jazz Heurigen, Gittis Jazz-Klub) und dem Gewinn eines Jugendmusikwettbewerbes mit 16 Jahren, musikalisch ausgerechnet bei der Undergroundband »Drahdiwaberl« (als wie sie selbst sagt: »komische Dicke«) angefangen.
Musikalisch ist sie bis heute aktiv und alles andere als unerfolgreich. Alle ihre Alben waren in den österreichischen Charts und ihr letztes Album, »Ob heit moch i nur wos i wü« (2007), erreichte in Österreich (wieder einmal) Gold.

SIGI MARON GIBT BEKANNT

»**Klarstellung:** Die Firma XXXL-Möbellutz verwendet seit Jahren ohne meine Zustimmung in ihrer Werbung den von mir gesprochenen Satz ›oiso i find des supa‹«.
Der Satz wurde während der Dreharbeiten zur Serie TOHUWABOHU aus dem Off aufgenommen. Das Originalband ist nicht mehr auffindbar. Ein Gerichtsverfahren gegen die Firma Lutz ist daher aussichtslos.
Ich gestatte deswegen jederfrau und jedermann diese Aufnahme jederzeit für jeden Zweck zu verwenden.
Ausgenommen sind Anbieter von Pornoseiten, Anbieter von frauenfeindlichen und rassistischen Inhalten sowie Anbieter mit nationalsozialistischen und faschistischen Inhalten.«
Diese Klarstellung findet sich auf der Website von Sigi Maron (www.maron.at), wo man den Satz auch gleich als WAV und MP3 downloaden kann.

1971
Da Hofa
I bin allan

1972
A Hausmasta is a Respektsperson!
Aun so an Plotz
De Bruckn
De oidn Leit
Der Baum
Du bist wia de Wintasunn
I bin nur a Pompfinewra
Kagran
Ollas aundre zöht net mea
Sexualvarbrecha
Wo is da Peppe

1973
Alfred Hitter
Dei Foto
Des kannst net mach'n
Eigenheiten
Heidenspaß (mir geht es wie dem Jesus)
Herr Vampir
I drah zua
I werd' mi bessern
Mädchen Marihuana
Nur das Summen einer Fliege
Oh Rosemarie
Tagwache (Lü Lü Marleen)
Wolfgang Amadeus Mozart

1974
(Rustical) Volkschor: Hollaröduilöh (Ambros, Tauchen, Prokopetz)
A Mensch möcht i bleibn
Aufi! Aufi! (Ambros, Tauchen, Prokopetz)
Das Maß ist noch nicht voll (Ambros, Tauchen, Prokopetz)
Der Berg holt sich die Buben (Ambros, Tauchen, Prokopetz)
Der Kampf (Ambros, Tauchen, Prokopetz)
Die Gailtalerin (Ambros, Tauchen, Prokopetz)
Gespräch der Knechte (Ambros, Tauchen, Prokopetz)
Hollaröduilöh (Ambros, Tauchen, Prokopetz)
I steh auf a Alte
Lieder der Berge (Ambros, Tauchen, Prokopetz)
Oh, St. Hubertus (Ambros, Tauchen, Prokopetz)
Overtüre Prolog (Ambros, Tauchen, Prokopetz)

1975
A Gulasch und a Seidl Bier
Aufzogn mit'n Rum
De Kinett'n wo i schlof
Es lebe der Zentralfriedhof
Espresso
Familie Pingitzer
Gö, do schaust
G'söchta
Heite drah i mi ham
I glaub i geh jetzt
Wem heute net schlecht ist
Wüst oda wüst ned
Zwickt's mi

1976
... sonst muss ich sie ermorden
A g'fäuda Tog
A klana Blick
Auftritt
Baba - und foi ned
Da Ernstl
De best'n Liada
Du schwoaza Afghane
Eibischzuckerl
Es ergibt si nix
Es is no ned vorbei
Glaub jo ned (dass des so weida-geht)
Hilly Billy Lilly
Hoiba zwöfe
Hoit, do is a Spoit
Meine Foab'n
Mochtwurt
Schifoan
Sei ned so g'spritzt
Ufo
Warum host des g'mocht

1977
Denk amoi
Die Blume aus dem Gemeindebau

1978
Achilles
Allan wia a Stan
Corrina, Corrina
Da Mensch in mir
Denk net noch
Der Nulltarif
Der Schwarzfahrer
Des Sandlers Flucht
Früher oda später
I bin's ned
I steig aus
Mir kummt kaner aus
Ouverture »Schaffnerlos«
Schaffner mit Leib und Söh
Schaffnerabschied
Schaffnerfeier
Schaffnerleben
Schaffnerliebe
Schaffnerlos
Schaffnermorgen
Schaffnertraum
Sie g'hört zu mir
Wahre Liebe

1979
Chanson Toilette
Cocaine Blues
Da oide Kaiser
De Höld'n san scho olle tot
De Nr. 1 vom Wienerwald
De Swoboda
Der Berg
Heute gemma nach Wien
Hey Listen
Hoffnungslos
I bin a Weh
I bin miad
I hob a bissl z'vü dawischt
I mog di ned
Irgendwann
Manst wirklich
Minderheit
Mir geht es wie dem Jesus
Nie und nimmer
Weu i ned anders kann
Wie hört des auf
Wie wird des weitergehn

1980
A großes Werk
Geteiltes Leid
Gezeichnet fürs Leben
Guten Morgen
I wü frei sein
Kaputt und munter
Original Clarks
Sodbrennerei
Weiß wie Schnee
Zwickt's mi

1981
Belize
Da Herr Minister
Fesch san ma beinand
Frage der Zeit
Geh von mir
I g'spia, i verlier
Immer das gleiche
Lethargie
Lokalverbot
Minderwertigkeitskomplex
Sei so frei
Selbstbewusst
Wann bin i daham?

1982
Der Vampir
Machtwuat

1983
Coffein
Der letzte Tanz
Du bist ma des wert
Für immer jung (Wolfgang Ambros & André Heller)
Hand in Hand
Inselwitz
Mei zweites Leb'n
Modern
Nimmer vü Zeit
Polizist
Sei ned bled
So ist es
Überlebensfrage
Von Liebe ka Spur

1984
Der Sinn des Lebens
Des Sängers Flucht
Du verstehst mi ned
Einsicht 84
Endlich amoi
Geplante Zukunft
Guerilla
Heit bin i wieder fett wie ein Radierer (Wolfgang Ambros & Rainhard Fendrich)
Hollaröhduliöh
I werd' des nie versteh'n
Ohne jede Warnung
's Naserl (Wolfgang Ambros & Rainhard Fendrich)
Wie a Adler

1985
A wilder Bua
Alarm!
Bettina
Connections
I söba
Ignorantenstadl
Kumm ma mit kane Ausreden mehr (Wolfgang Ambros & André Heller)
Langsam wochs' ma z'amm
Lebendes Relikt
Mamma
Schwesternlied

1987
Die Wegwerfgesellschaft und ihre Alternative
Du und i (Wolfgang Ambros & Friedrich Gulda)
Ein Tag zum Verzweifeln
Gewitter
Gut und schön
Mein seltsamer Beruf
Niemals ergeben
V.I.P.
Wir, die denken
Zeitung

1988
Rukuruku Bay

1989
A junger Mensch von heute
Die Freiheit
Erste große Liebe
Fremdenlegionär
Freunde in der Nacht
Idealgewicht
Liebe auf Distanz
Mann und Frau
Noch immer
Nur allein sein
Soul Sister
Zwickt's mi 2000

1990
Nie gesehen
Stille Glut

1991
Abwärts und bergauf
Aufi Aufi
Der schwarze Tod
Die Gailtalerin
Lied der Knechte

1992
A so a Nocht
Äquator
Bleib bei mir
Der Himmel soll noch warten
Der Nipper
Er fallt (Ambros, Tauchen, Prokopetz)
I bin bei dir (Wolfgang Ambros & Joni Madden)
Kanakenzerhacken
Richtung Süden
Sei ned traurig
Warum immer i?
Wenn die Nacht vom Himmel fällt
Wos is, wann nix is?

1993
Das Duell (Ambros contra Bisenz)
Zwa wie mia Zwa (Georg Danzer & Wolfgang Ambros)

1994
Alt + jung (Wolfgang Ambros, Georg Danzer, Gert Steinbäcker & Ostbahn-Kurti)
Da Staudinger
Des is Liebe
Doch ned i
Einsamkeit
Fürcht di ned
I denk an di
Ich lieb dich überhaupt nicht mehr
Ideale
Komm her zu mir
Wasserfall

1996
Das Leben, die Liebe und der Tod!
Die Freundschaft
Er is vom Land
Jetzt oder nie
Parasiten
Pfeifentanz
Recht und Gnade, Herz und Verstand – der Weg
Ruaf mi ned an
Samma wiada guat
Shake Hands, Be Friends (Georg Danzer & Wolfgang Ambros)
Verwahrlost aber frei

1997
Für immer jung
Siehst du die Sonne nicht

1998
A Gulasch und a Seidl Bier (Wolfgang Ambros & Georg Danzer)

1999
A langer Weg
Der allerschönste Sommer
Ein Boss am Wörthersee
Es brennt no a Gluat
Fein beinand
Feinde
Herz aus Gold
Kommt nicht in Frage
Teuflische Verbindung
Untrennbar
Voom Voom Vanilla Camera

2000
Der Bessere gewinnt
Die Sunn geht boid auf
Du und i
Durt bin i daham
Error, Error
Es is vorbei
Groß in Kagran
Heimatserenade
I bin da Teife
I kumm net weg vor dir
Jones From No. 3
Martha
Mein Naserl ist so rot weil ich so blau bin
Nach mir die Sinflut
Prost, Prost, Prost
Roly Poly
Romeo verliert Bluat
Samstag Nacht
Skandal im Sperrbezirk
The Time Warp
Tom Traubert's Blues
Unmoralisch
Verliab di ned
Weihnachtsgrüße von aner Hur aus Floridsdorf

2001
Frieden für an Moment
Weihnachten wie immer

2003
Dafür dank i dir
Der alte Sünder
Der Nebel
Der Tag danach
Des host nur g'laubt
Du
Du lebst
Gelassen
I kann nix dafür

Klanes Resümee
Nimm mi
Oid wurdn
Probier'n geht über Studier'n
Ring aus Feuer
Wer hat gelogen?
Wieder verliebt

2004
Bogey-Par
Die Ballade von den Sünden
Herumlieg'n in der Sunn

2005
Die Reblaus
Einmal in der Wochen fall i um
Erst wenn's aus wird sein
Es wird ein Wein sein
Hallo Dienstmann
Hallo Dienstmann (Wolfgang Ambros & Rainhard Fendrich)
Ich kann mein Schlüsselloch nicht finden
Ich trag im Herzen drin
In da Kellergassen
Kleines Schwipserl
Mei Naserl ist so rot weil ich so blau bin
Sperrstund is
Wann i amoi in Himmel kumm
Wenn der Hergott net wü
Zuhaus ist Zuhaus

2006
Challenge 50plus
Der Spieler
I geh
Lügner
Mein zweites Ich
Schweres Herz
Steh grod
Tendenz zur Demenz
Tu Felix Austria (Erste Allgemeine Verunsicherung mit Wolfgang Ambros & Gert Steinbäcker)
Über Bord
Warum i mi so plog
Weiter geht's
Zufrieden mit der Welt

2007
A bissel Grinzing
Das Hobellied
Der alte Herr Kanzlerrat
Der Weana braucht kan Pass
Die alte Standuhr
Du lieber guter Wein
Hausherrnsöhnl'n
Ich hab mir für Grinzing …
Ich marschier' mit mein Dulieh …
Ich trag im Herzen drin (Wolfgang Ambros & Hans Moser)
Ja wenn's auf Zehne geht
Jetzt trink ma noch a Flascherl Wein
Mein Feuerzeug
Mein Herz ist ein Bilderbuch
Wenn ich mit meinem Dackel …

DEUTSCH-ÖSTERREICHISCHES FEINGEFÜHL

Eigentlich war DÖF, die kabarettistische Zusammenrottung der Ambros-immer-wieder-Mittäter Joesi Prokopetz und Freddy Tauchen mit den Berliner Humpe-Schwestern (besser bekannt als »Ideal«), als Parodie auf die Neue Deutsche Welle gedacht. Das lässt schon der Name DÖF erkennen, der nicht nur akustisch nahe an »doof« angesiedelt ist, sondern auch einen direkten Bezug zur bierernsten deutschen Band DAF (Deutsch-Amerikanische Freundschaft) darstellt.
Aber dann kam es anders und plötzlich war man selbst Held und Vorreiter der NDW, mit 1,2 Millionen verkauften »Codo«-Singles in ganz Europa (Nummer 1 in Deutschland, Österreich, der Schweiz, Belgien und den Niederlanden) und nicht minder fantastischen 600 000 verkauften Alben. Man wurde mit der »Pop-Krone« für den erfolgreichsten internationalen Act gekrönt und die Nachfolgesingle »Taxi« hielt sich sogar drei Wochen lang in der deutschen Originalversion in den Top Ten von Dänemark (!).
Die LP selbst ist eine Mischung aus Sketches und Humor-Songs aller Richtungen. Sogar eine recht unverhohlene Parodie auf Austropop der Marke Ludwig Hirsch (»L. Hirschinger«) findet sich auf der LP.
Auch die weniger bekannte nachproduzierte Single »Uh-uh-uh mir bleibt die Luft weg« kam in die österreichischen Charts.
Trotz des internationalen Erfolges wurde das Projekt bald darauf beendet, begründete aber zugleich die Solo-Gesangs-Karriere von Joesi Prokopetz.

EINIGE AUSZEICHNUNGEN VON UND FÜR CHRISTINA STÜMER

(Auswahl)

2003

- Gold in Österreich für die Single »Ich lebe«

2004

- Amadeus Award in den Kategorien »Künstlerin Pop/Rock national« und »Newcomer des Jahres national«
- Dreifach-Platin in Österreich für das Album »Freier Fall«
- Doppel-Platin in Österreich für das Album »Soll das wirklich alles sein«
- Gold in Österreich für die Single »Mama Ana Ahabak«

2005

- Amadeus Award in den Kategorien »Künstlerin Pop/Rock national« und für die »beste Single national«
- Platin in Deutschland für mehr als 200 000 verkaufte Exemplare des Albums »Schwarz Weiß«, das 2006 Doppel-Platin erreichte

2006

- Amadeus Award in den Kategorien »Künstlerin Pop/Rock national« und für die »beste Single national«
- Echo in der Kategorie »Künstlerin Rock/Pop national«
- Gold in Deutschland für die Single »Ich lebe 2005«
- Gold in Österreich für die Single »Nie genug«
- Platin in Österreich für die DVD »Wirklich alles«
- 3-fach Platin in Österreich für das Album »Soll das wirklich alles sein«
- Platin in Österreich für das Album »Lebe lauter« (schon vor dem offiziellen Release verliehen)
- 2-fach Platin in Deutschland für das Album »Schwarz Weiß«
- Gold in der Schweiz für 100 000 verkaufte Platten »Schwarz Weiß«

2007

- Amadeus Award in der Kategorie »Pop/Rock Album des Jahres national«
- Doppel-Platin in Österreich für das Album »Lebe Lauter« (schon Anfang März 2007)
- Platin in Deutschland für das Album »Lebe Lauter« (schon Mitte März 2007 verliehen)
- Mehr als 1,5 Millionen verkaufte Tonträger (Mai 2007)
- Gold für die DVD »Lebe Lauter Live« in Österreich

2008

- Platin in Österreich für das Album »Laut-Los« (Anfang April 2008 verliehen)
- Amadeus Award in der Kategorie »Music Download des Jahres« (für »Scherbenmeer«)
- Meistgespielter österreichischer Act 2007

GARY LUX: MULTI-EUROVISIONÄR

Gary Lux, dessen Beitrag zur heimischen Musikszene sonst eher gering ausfiel, ist derjenige Österreicher, der unser Land am häufigsten beim Eurovision Song Contest vertreten hat. Und zwar sechs (!) Mal. Die Details:

1983: »Hurricane« (mit »Westend«) #9
1984: »Einfach weg« (Backing von Anita) #19
1985: »Kinder dieser Welt« #8
1987: »Nur noch Gefühl« #20
1993: »Maria Magdalena« (Backing für Tony Wegas) #14
1995: »Die Welt dreht sich verkehrt« (Backing für Stella Jones) #13

ALLE TOP-TEN-PLATZIERUNGEN VON TAMEE HARRISON

»A Beautiful Time«	(2004)	#2
»Everytime We Touch«	(2003)	#4
»Going To Paris«	(2004)	#5
»It's A Fine Day (Love Makes My Day)«	(2004)	#8

EINIGE NEUE ÖSTERREICHER IN STICHWORTEN: »ZWEITFRAU«

Gegründet 2004, Frontfrau: Diana Lueger. Mit »Alles dreht sich« und «Intensiv« in den österreichischen Charts vertreten und auch in Deutschland nicht unerfolgreich. Mehrere Amadeus-Award-Nominierungen

HEILIGER NEPPOMUK

Die EAV hatte schon viele gezeichnete und wechselnde Tiere am Cover ihrer Platten. Seit einigen Jahren hält sich nun aber ihr Maskottchen Neppomuk (geboren laut Website am 14. Mai 1990) recht hartnäckig. Trotz eingehender Recherche konnte über die Tierart von Neppomuk nichts Defintives eruiert werden. Nach einigen Quellen ist er aber ein Nasenbär.

FLIEGER

Kaum etwas anderes spiegelt das musikalische Lebensgefühl der frühen 90er-Jahre so wider, wie die legendäre Sampler-Serie »Flieger«, die so gut wie alles versammmelt, was damals musikalisch – meist unter dem irreführenden Begriff Neue Deutsche Welle – so gelaufen ist.
Hier »Flug« 1–6, unter Auslassung nicht-österreichischer Nummern.

Flug 1:

1-01	»Flieger« – Blümchen Blau
1-02	»Helden von Heute« – Falco
1-04	»Ich sprenge alle Ketten« – Willi Warma
1-05	»Du kleiner Spion« – Minisex
1-07	»Küsse« – Viele bunte Autos
1-09	»Love Will Tear Us Apart« – Chuzpe
1-10	»Modern« – Bobby Hammer Band
1-11	»Hello Man« – Cosmetics
1-13	»Mädchenschreck« – Ronnie Urini & die letzten Poeten
1-15	»Mordbuben AG« – Mordbuben AG
1-16	»Hilfe« – Kleenex Aktiv
1-17	»Endlich im Radio« – Tom Pettings Hertzattacken
1-19	»So schön (mit dir)« – Plastik
1-20	»Südseeträume« – Rucki Zucki Palmencombo
1-21	»Die Liebe ist nur ein Spiel« – Standart Oil
1-22	»Keine Angst« – Hansi Lang
1-23	»Schizo« – Franz Morak

Flug 2:

2-01	»Der Kommissar« – Falco
2-03	»Zu klug für diese Welt« – Chuzpe
2-04	»Bis zum Himalaja« – Tom Pettings Hertzattacken
2-05	»Onanie Manie« – Tom Pettings Hertzattacken
2-06	»Montevideo« – Hansi Lang
2-07	»Viel zu nah« – Der Wilde Pinguin
2-09	»Codo« – DÖF
2-10	»Ich fahre mit dem Auto« – Minisex
2-12	»Luna Loop« – Sternthaler
2-14	»Ich möchte bei den Sternen liegen« – Rosachrom
2-15	»Weihnachtsmann« – Blümchen Blau

2-16 »Wunderwelt« – Klaus Prünster
2-17 »Mind Pollution« – Cosmetics
2-19 »Franzi« – Der Eiserne Vorhang
2-20 »The Frozen Seas Of Io«– The Vogue
2-21 »Malaria« – Karl Gott

Flug 3:

3-02 »Gute Kräfte sammeln sich« – Chuzpe
3-05 »Zu viel Hitze« – Falco
3-06 »Du brichst mein Herz« – Rosachrom
3-08 »Highdelbeeren« – Wilfried
3-09 »Ausgeflippter Lodenfreak« – Drahdiwaberl
3-10 »Wir bauen ein Haus« – Blümchen Blau
3-11 »Ich spiele Leben« – Hansi Lang
3-14 »Schwarze Madonna« – Contact
3-15 »Janine« – Majzen
3-17 »Wo ist der Chef« – Franz Morak
3-18 »Love Me« – DÖF
3-20 »Am Strand von Italien« – Zerbrechlich
3-21 »Männer sind wie Marzipan« – Sue Tauber
3-22 »Push« – Minisex

Flug 4:

4-02 »Addio Westwelt« – Hansi Lang
4-04 »Du hast ja einen« – Blümchen Blau
4-05 »Auf der Flucht« – Falco
4-07 »Ganz Wien« – Drahdiwaberl & Falco
4-08 »Leben ist Blut« – X-Beliebig
4-10 »Liliputaner« – Viele bunte Autos
4-11 »Niemand hilft mir« – Ronnie Urini
4-13 »Stadt die du bist« – Crazy Daisy & The Vienna Stressmen
4-14 »Gott schenke Wien einen neuen Kaiser« – Karl Gott
4-16 »Taxi« – DÖF
4-17 »Müllers Büro« – Gitti Seuberth und Niki List
4-18 »Stock im Eisen« – Tom Pettings Hertzattacken
4-19 »Stahlstadtkinder« – Willi Warma
4-21 »Eismeer«– Minisex

Flug 5:

5-01	»Amadeus« – Falco
5-04	»Josefine« – Hansi Lang
5-06	»Marilyn« – Chuzpe
5-09	»Sex in der Stadt« – Weibel, Peter & Hotel Morphila Orchester
5-10	»Tiere« – Blümchen Blau
5-11	»Alles oder nichts« – Tom Pettings Hertzattacken
5-12	»Deutsches Mädl« – DÖF
5-14	»Rostige Flügel« – Kottan's Kapelle
5-15	»Kopf Hoch« – Rosachrom
5-19	»Plöschberger« – Drahdiwaberl
5-20	»Alanig« – Blue Thier & Coco Band

Flug 6:

6-03	»Rudi gib' Acht« – Minisex
6-05	»Junge Römer« – Falco
6-06	»Buhuhuhu« – Wilfried
6-08	»Abracadabra« – Kapitän Nemo
6-10	»Mullatschag« – Drahdiwaberl
6-11	»Ich kann nicht glücklich sein« – Spastic Elastic
6-12	»Zucker« – Hansi Lang
6-14	»Liebe ist Blaulicht« – Karl Gott
6-16	»Arafat« – DÖF
6-17	»Wir spielen« – Blümchen Blau
6-19	»Der Modemann« – Rainer Zufall
6-20	»1000 Takte Tanz« – Chuzpe
6-21	»Wer nicht weggeht« – Leider Keine Millionäre

A RESCHES DRAHDIWABERL

Unter den seltsamen, teilweise absonderlichen und oft grauslichen Erscheinungen der »Drahdiwaberl«-Bühnenshows ragt eine als brav, liebenswert, jedoch nicht weniger absonderlich hervor. Die Pensionistin Lotte Pawlek intonierte ohne sonderliches Talent und mit verschnupfter Stimme, nicht besonders tonsicher und rhythmisch bedenklich immer wieder inmitten des um sie auf der Bühne herumtobenden Happenings gerne den Schlager »Ganz Paris träumt von der Liebe«. Dennoch oder gerade deswegen ein Highlight und auch auf der »Drahdiwaberl«-Platte »Psychoterror« verewigt.

AUSTROPOP GOES OPERETTE

Die Schnittmenge zwischen (Protagonisten des) Austropop und dem Genre Musical ist traditionell hoch. Etwas geringer, um nicht zu sagen nicht vorhanden, ist ein Cross-Over zwischen Austropop und Operette.
Nachhaltig geändert hat sich das erst im Sommer 2008, als sich auf der Seebühne in Mörbisch unter der Intendanz von Harald »Wunderbar« Serafin gleich drei Austropop-Stars verschiedener Provenienz versammelten, um die wichtigsten Rollen des Operetten-Klassikers »Das Weiße Rössl« zu besetzen:

- Rainhard Fendrich (Austropop-Legende) als Ober Leopold
- Sabine »Zabine« Kapfinger (Ex-Alpinkatze und Dancing-Star) als Rössl-Wirtin
- Klaus Eberhartinger (EAV-Stimme und ebenfalls Dancing-Star) als der schöne Sigismund

Intendant Serafin selbst gab Kaiser Franz Joseph.

BLASPHEMISCHER HANF

Die Lieder des Hauptwerks von Wolfgang Ambros kann man als Zuhörer und Nicht-Experte grob in drei Bereiche einteilen: sozial oder sonst kritische Liedermacher-Lieder (eher früher, »Zwickt's mi«, »Da Hofa«), Balladen (eher später) und Amüsantes (immer wieder »Schifoan«, »Es lebe der Zentralfriedhof«). Dass Ambros aber außerdem immer wieder recht böse und/oder ziemlich satirische Nummern gesungen hat, wissen nur Fans und Ambros-Platten-Vielbesitzer.
Hier wären etwa Lieder wie »Du schwoaza Afghane« (eine Art Hanf-Heurigenlied) oder »Mir geht es wie dem Jesus« zu erwähnen.
Das Letzere beginnt schon reichlich blasphemisch mit den Zeilen

> *»Mir geht es wie dem Jesus,*
> *mir tut das Kreuz so weh«*

los und hat dann noch weitere Perlen der Austropoplyrik wie

> *»Mir geht es wie dem Jesus,*
> *doch hab ich nicht die Klasse,*
> *denn ich verwandle nur den Wein*
> *in Wasser, das ich lasse«*

zu bieten. Prädikat hörenswert.

DER BESETZER

Die legendäre Arena-Besetzung läutete Willi Resetarits (unweit der Geleise der Ostbahn) 1976 höchstpersönlich ein, indem er nach dem letzten Konzert in dem zum Abbruch bestimmten Gebäude die Zuhörer und anwesenden Künstler dazu aufforderte, einfach nicht zu gehen.
Die Besetzung war nach nationaler und internationaler Hilfe, u. a. spielte Leonard Cohen dort und bezeichnte den besetzten Ex-Schlachthof als »den schönsten Platz der Welt«, erfolgreich und die Gebäude bestehen heute immer noch (als Zentrum der Musik und Begegnung).

IM SPOTLIGHT: HALLUCINATION COMPANY

Die »Hallucination Company« rund um Gründer und Godfather Ludwig »Wickerl« Adam hat wohl mehr populäre österreichische Musiker und Performance-Künstler hervorgebracht als jede andere Band in Österreich. Zu verschiedenen Zeiten, aber durchaus mit Überschneidungen wirkten in der »Company« mit: Falco, Hansi Lang, Andy Baum, Thomas Rabitsch, Günter »Mo« Mokesch, Miki Malör, Tini Kainrath, Steffi Paschke, Harri Stojka und viele andere mehr.
Die 1977 formierte Band verstand sich als »Erstes Wiener Musiktheater« und wirkte damals in Wien sozusagen im Brachland: Viele Spielorte wurden erst von ihr begründet.
Da die meist politisch und sozial motivierte Band eher für ihre Bühnenauftritte bekannt war und kaum klassische, radiotaugliche Musik produzierte, wurde sie in der breiteren Öffentlichkeit nie so richtig bekannt. Auch das populärste Lied der Band »Keine Angst« wird meistens ausschließlich ihrem Mitschöpfer und -Performer Hansi Lang zugerechnet.
Die »Company« verstand sich als ernsthaftes Theater mit (körperlichen) Improvisations-Übungen. An eine davon, die Tier-Improvisation, erinnert sich Ludwig Adam: »Falco war ein Pfau – er war immer ein Pfau!«

SCHIFOAN MIT AMBROS

Wolfgang Ambros jobbte 1980 per Jux eine Weile als Schilehrer in Kitzbühel, ganz korrekt mit abgeschlossener Hilfsschilehrerprüfung.

SEPP II

Am Ende vom »Alpenrap« der EAV stürzt der Musikproduzent aus New York (von der Band schön auf »Obersteiermoark« gereimt) in die Schlucht und Sepp bleibt bei Enzian und Sennerin.
Ein paar Jahre später, im Jahr 2000, nahm die Band eine wenig bekannte Fortsetzung namens »Räp Zep« auf, in der Sepp doch der Versuchung des Starruhms in Übersee erliegt, dort jedoch an Erfolg und Drogen tragisch zugrunde geht ... Schön an dem in einer Art chilligem Dancefloor-House-oder-wie-auch-immer gehaltenen Lied sind viele Selbstzitate aus dem Originalsong mit jeweils neuen, unerwarteten Endreimen.

A3

Das erfolgreichste Dialektwellen- und Liedermacher-Revival der neueren Zeit, »Austria 3«, bestehend aus Rainhard Fendrich, Wolfgang Ambros und Georg Danzer, die dabei in einer Art zweiter STS-Formation mit drei Gitarren gegenseitig ihre größten Hits und wichtigsten Lieder intonierten, geht auf eine Benefiz-Idee für Obdachlose von Rainhard Fendrich zurück.
Der Name »A3« bezieht sich daher wohl nicht nur auf die Protagonisten, sondern wohl auch auf die jahrzehntelang als »Sandlermarke« bekannten, extrem starken Billig-Zigaretten der Austria Tabakwerke. Der Name der Zigaretten, auch schlicht als »Dreier« bekannt, wiederum stammt von einer alten Sortenbenennung der Tabakregie und überlebte die Marken »Austria 1« und »Austria 2« um viele Jahre. Nicht jedoch die neueren, strengeren Tabakgesetze.
Die letzten »Austria 3«-Konzerte 2006 waren zugleich auch die letzten Danzer-Konzerte.

INTERNATIONALE MACHOS

»Macho Macho« von Rainhard Fendrich war nicht nur in Österreich ein Hit, sondern verkaufte sich – teilweise in der Landessprache neu aufgenommen – europaweit 500 000 Mal. Das Lied wurde u. a. ins Portugiesische, Französische, Englische, Holländische und auf Afrikaans übersetzt. Eine spanische Version wurde sogar von Fendrich selbst gesungen.

IN MEMORIAM FALCO

Als eine Art Hommage wurde nach dem Tod von Falco ein Lied über den »Falken« produziert. Der Song »A Tribute To Falco« von »The Bolland Project feat. Alida« ist übrigens ein Girl-Rap.

BATMAN FLIEGT NICHT

Man kann es nicht oft genug betonen: Der Comic-Superheld Batman kann nicht fliegen. Zwar hat er ein Cape wie Superman und sein Name bedeutet »Fledermaus-Mann«, aber er ist nur ein gut durchtrainierter Millionär mit verschiedenen Gadgets wie Seilpistolen etc. »Da Bätmän« Johann K. mag noch so oft »jede Nocht umananda fliagn«, der echte Batman schwingt sich maximal à la Spiderman.

UNDERGROUND GOES KOMMERZ

Neben Gary Lux waren auch noch ausgerechnet einige Mitglieder der Chaos-Underground-Gruppe »Drahdiwaberl« Teil der Band »Westend«, die Österreich mit dem Titel »Hurricane« 1983 beim Songcontest vertrat. Der Song, der u. a. vom Liedermacher Heli Deinböck geschrieben wurde, erreichte den 9. von 20 Plätzen.

HUBSCHRAUBEREINSATZ

1999 hat Lukas Resetarits den Pilotenschein für Hubschrauber gemacht.

DANKSAGUNGEN AUF DER DÖF-PLATTE

»Aufgenommen von Richard Österreicher jun.
im Austrophon Studio, Wien.
Mixed and fixed von Garteh Jones im Hansa Studio, Berlin.
Mischung von ›I Hirschinger‹, ›Arbeiter‹ und sämtliche
Sprechszenen: Richard Österreicher jun.
Aufnahmeleitung und Beruhigung: Thomas Rabitsch.
Unter körperlichem Einsatz dirigiert hat Inga Humpe.
Schönen Dank an Ulla M. und Ulla M.
Dankö an Benkö.
Produziert von Annette Humpe im Frühjahr 1983 für GIG RECORDS.«

KLASSENKAMERADEN

Wlifried hat gemeinsam mit Jörg Haider die Volksschule besucht.

LEGENDEN DES AUSTROPOP: ANDRÉ HELLER

André Heller, Sänger, Autor, Poet, mitbegründete, förderte und befruchtete den Austropop ab Stunde Null. Durch seine Position als Moderator bei Ö3 (er war einer der Gründer) und im Fernsehen, durch eigenes Singen und immer neue Ansätze wie Duette mit Wolfgang Ambros oder Helmut Qualtinger war er eine zentrale Figur der heimischen Musikszene – bevor er in andere künstlerische Gefilde entschwand.

Hier neben vielen Erwähnungen in diesem Buch noch ein paar Fakten zu André Heller:

- Die Süßwarenfabrik seines Großvaters Wilhelm Heller wurde durch die Erfindung der Dragées weltbekannt.
- Heller hat nur ein Lied auf Englisch gesungen: »City«.
- 1968 war er Co-Autor der legendären Fernsehsendung »Wünsch dir was«.
- Sein erstes Theaterstück aus dem Jahre 1972 trägt den schönen Titel: »King-Kong-King-Mayer-Mayer-Ling«.
- Als Musiker arbeitete er u. a. mit Astor Piazzolla, Toni Stricker, Reinhard Mey oder Werner Schneyder zusammen.
- Er war mit acht seiner Alben in den österreichischen Charts vertreten.
- Zu seinen »Evergreens« zählen: »A Zigeina mecht i sein«, »Verwunschen«, »Bel Ami«, »Da bin i ka Liliputaner mehr«, »Die Kinder sind immer aus Wien«, »Die wahren Abenteuer sind im Kopf«, »Gemma schaun« und »Für immer jung« (mit Ambros).
- Eine besonders schöne Textzeile aus seiner Feder: »Gemma schaun ob der Kaisa wirklich tot ist, ob sei Hemad bluatig rot is, oder oba tachiniert.« (»Gemma schaun«, 1978)

DREI HELDINNEN IN TIROL

In Niki Lists Film »Helden in Tirol« (eine Art inoffizielle Fortsetzung von »Müllers Büro«) finden sich auf der Castlist u. a. Sabine »Babsi Balou« Chalupa, Sabine »Zabine« Kapfinger und Shlomit Butbul, die ebenfalls singende Tochter von Jazz Gitti.

Gewissermaßen ein Gipfeltreffen der Austropopperinnen.

EINORDNUNG

Im Jahr 1975 produzierte die Wiener Tageszeitung »Kurier« einen Sampler namens »Das neue Wienerlied« mit interessantem Line-Up (in der Reihenfolge des Auftretens):

Wolfgang Ambros
Michael Heltau
Marianne Mendt
Felix Dvorak
Peter Cornelius
André Heller
Fritz Muliar
Hansl Schmid und die Hofburg Schrammeln
Peter Cornelius
Duo Hodina
Toni Stricker
Horst Chmela

KÜNSTLER FÜR DEN FRIEDEN

Unter diesem gemeinsamen Label versammelten sich Anfang der 80er-Jahre Musiker und Künstler anderer Richtungen zu verschiedenen Aktionen im Rahmen der damals weltweit aktiven »Friedensbewegung«.
So kam es am 6.1.1982 zu einem legendären Konzert in der Wiener Stadthalle, an dem über 200 Künstler teilnahmen. Ein Teil der Veranstaltung wurde auch als Doppel-LP veröffentlicht. Neben Gaststar Harry Belafonte finden sich unter den Mitwirkenden der Platte Wolfgang Ambros, Erwin Steinhauer, Erika Pluhar, Ludwig Hirsch, Chaos de Luxe und Sigi Maron sowie im Chor: André Heller, Rainhard Fendrich und Konstantin Wecker.
An einer anderen Aktion, dem sogenannten »Friedenszug«, einer gemeinsamen Tournee per Bahn durch Österreich, nahmen neben anderen Künstlern und Schauspielern wie Otto M. Zykan und Erwin Steinhauer oder Christa Schwertsik ebenfalls viele Austro-Musiker wie Wilfried, Hansi Dujmic, André Heller, Hans Theessink, Chaos de Luxe, Marie-Thérèse Escribano, Ludwig Hirsch, Erika Pluhar, Lukas Resetarits, »Die Schmetterlinge« und Kurt Winterstein teil.

UNERWARTETE AUSTROPOPPER: PETER WEIBEL

1982 nahm Medienküstler und Hochschulprofessor Peter Weibel mit dem »Hotel Morphila Orchester«, das teilweise aus Musikern der legendären »Novaks Kapelle« bestand, die LP »Schwarze Energie« auf. Die ausgekoppelte Nummer »Sex in der Stadt«, in der Weibel im Wesentlichen Anzeigen von Prostituierten aus einer Tageszeitung vorliest, wird in Insiderkreisen bis heute sehr geschätzt.
Peter Weibel präsentierte die LP stilgerecht in einer Telefonzelle und das Lied »Sex in der Stadt« war eine Woche lang per Anruf unter der Telefonnummer 93 38 654 zu hören.

GIB GUMMI

Der Musiker und phantastisch-realistische Maler Heinrich Walcher hatte bereits mit einigen amüsanten Schlagern wie »Mimi, geh, Mimi« oder »Luise« Erfolge, bevor er mit dem 60er-Pop-Dialekt-Lied »Gummizwerg« 1973 bei der »Showchance« auftrat. Austropop-Mutti Eva Maria Kaiser war überzeugt, der ORF produzierte die Platte und der »Gummizwerg« wurde zum beliebten Radiolied. Nur Fernsehdirektor Helmut Zilk war dagegen und protestierte, allein vergebens. Zilk war nämlich einer der wenigen, der die von Walcher harmlos und kinderliedartig vorgetragenen Zeilen über Schnee und Stoff als das verstand, was sie waren: ein unverblümtes (Anti-) Drogenlied.
Auch danach schrieb Walcher noch an die 100 Lieder, wandte sich aber mit der Zeit mehr und mehr der Malerei zu.

DAS DING

In dem im Jahr 2000 in Deutschland erschienenen Liederhandbuch (Text und Akkorde) zum fröhlichen Mitsingen namens »Das Ding« finden sich neben internationalen und deutschen Hits aller Richtungen auch folgende österreichische Beiträge:

- »Es lebe der Zentralfriedhof«
- »Fürstenfeld«
- »I wü nur zruck zu dir«
- »Jeanny«
- »Live Is Life«
- »Schifoan«

UNERWARTETE AUSTROPOPPER: WALULISO

Auf der 1982 erschienen Platte »Wir bauen ein Haus« der Wiener NDW-Band »Blümchen Blau« ist auch das Wiener Original und FKK-Vorkämpfer Waluliso zu hören – mit einem leidenschaftlichen Plädoyer für die Liebe.

»VERDAMMT, WIR LEBEN NOCH«

... war der Titel des 2008 erschienenen Films über das Leben von Falco. Da der Film in der österreichischen Musikszene spielt, kamen natürlich auch manch andere reale heimische Musikschaffende und -produzenten zu Filmehren. Hier die einschlägige Castlist:

Manuel Rubey als Falco
Julian Sharp als Robert Ponger
Christoph von Friedl als Thomas Rabitsch
Nicholas Ofczarek als Markus Spiegel
Karl Künstler als Stefan Weber
Markus Mössner als Hansi Lang
Stefan Bernhard als Wickerl Adam

DIE »GOLDENE«

Um in Österreich eine »Goldene Schallplatte« zu erhalten, benötigt man 5000 verkaufte DVDs, 10 000 verkaufte Alben oder 15 000 verkaufte Singles.
Für Platin braucht man die doppelte Anzahl.

PARALLEL-KOSMOS FM4

Der 1995 gegründete Jugend-Sender FM4 widmet sich seit Anbeginn, ähnlich wie 40 Jahre davor Ö3, junger, alternativer und »undergroundiger« Musik. (Neben einer florierenden Comedy-Schiene mit u. a. Stermann & Grisseman oder »Projekt X«.) Und da Ö3 mittlerweile den Platz als führender Pop-Sender des Landes besetzt hält, kann FM4 weiterhin ungehindert dieser Linie folgen. Und tut das ausgesprochen erfolgreich.
U. a. veranstaltet FM4 auch Konzerte und bringt CDs heraus und ist damit die wichtigste Bühne für zahllose österreichische Musiker aller Lager abseits des Pop-Mainstreams. Innerhalb dieser Szene brodelt die Kreativität und es gibt auch so manche Stars – die halt nur außerhalb dieser Szene kaum bekannt sind.
Außer wenn sie, wie z. B. »Mondscheiner«, die Grenze Richtung Mainstream überschreiten (was selten ganz ohne Brösel abgeht).
An neuen, unerhörten Tönen interessierten Menschen jeden Alters sei ein Ausflug in dieses fremde Universum wärmstens empfohlen.

UDO AKTUELL

Die Grenzfälligkeit, Udo Jürgens einfach zum Austropop zu rechnen, wird auf diesen Seiten immer wieder thematisiert. Dass man den Mann aber wirklich nicht so einfach in irgendeine Schlagerschublade stecken kann, zeigte u. a. ein Auftritt von Udo Jürgens 2008 bei der Sendung „Wetten dass ...?“ in Salzburg.
Nicht nur intonierte der 80-Jährige ein neues zynisch-anklagendes Lied über den Klimawandel und dessen Folgen, in der Sendung outete sich auch ein scheinbar ganz anders orientierter Kollege, nämlich Stefan Raab, als eingefleischter Udo-Jürgens-Fan und intonierte live und ohne vorherige Proben „Aber bitte mit Sahne“ am Bühnenklavier. (Worauf sich Udo auf gleiche Weise mit „Maschendrahtzaun“ revanchierte.) Während dieser Jam-Session der besonderen Art führte ein anderer (Teilzeit-)Austropopper, nämlich Toni Polster, bei der „Stadtwette“ die österreichische Mannschaft gegen die deutsche zu einem 11:6-Sieg ...

... aber nicht ernst
... und der Himmel kommt unter die Räder
... und immer und immer (hob i di gern)
A alte Drecksau
A erstickter Schrei
A Gulasch und a Seidl Bier (Wolfgang Ambros & Georg Danzer)
A letztes Liad
A oama Schlukka (Georg Danzer & Band)
Abends an der Brücke
Aber was soll's
Abschied
Abschied für immer
Adler im Wind
Afrika
Alle Lichter
Alle Lichter (Danzer, Bäer, Baum)
Alles aus Gold
Alles was i brauch
Alt + jung (Wolfgang Ambros, Georg Danzer, Gert Steinbäcker & Ostbahn-Kurti)
Am Ende der Zeit
Andalucia
Ane so wie di
Anfang
Anplaggd
Arschkarte
Atemzüge
Atlantis
Auf Tournee
Auf und davon
Auf wos de Fraun ollas schaun
Aufwärts
Ausklang
Bahamas – Nassau Bay
Ballade vom versteckten Tschurifetzen
Barcelona
Bei »!Peep!«
Bist was, dann hast was
Bitte geh jetzt furt
Bitte hab mich lieb
Bitte, pass gut auf
Bitte, tu mir weh
Blumen in der Hand
Camargue
Casus Knacktus
Charly
Da Chineser
Daham bleibt daham
Dann geht's da guad
Das Jahr, das kommen wird
De glaubn, i hör's ned
Deep In My Heart
Deine Meinung
Denkmal
Deppert's Kind
Der alte Wessely
Der Clown kehrte zu seinen Tränen zurück
Der fette Fredi
Der Funke der Revolution
Der General
Der Gürtelpülcher (Georg Danzer & Joesi Prokopetz)
Der Gürtelpülcher

Der Hang zum Personal
Der Herr Politiker
Der Himmel über Amsterdam
Der imaginäre Vibrator-Walzer
Der legendäre Wixer-Blues vom 7. Oktober 1946
Der Mensch braucht a bisserl a Ansprach
Der Tätowierer und die Mondprinzessin
Der Zerissene
Des is' mei Frau
Des kaun do no ned oolas gwesn sein
Die alte Prohaska
Die Bürgerwehr
Die dummen Erwachsenen
Die Entsorgung
Die Folter
Die Freiheit
Die grauen Herren
Die Königstochter und der Musikant
Die letzte Eisenbahn (für meinen Großvater)
Die Leut' sind alle deppert! – außer mir
Die Moritat vom Frauenmörder Wurm
Die Schönen und die Reichen
Die Türken
Die Zigeunerin
Diese riesige Maschine
Diesmal wird alles gut
Dolli Oma (was noch geschah)
Donald Duck und Hans Moser
Doppelgänger
Dracula
Dritte Welt
Du fehlst mir so
Du kannst nix dafür
Du mi a
Du suchst im Spiegel dein Gesicht
Du warst ma immer scho a Rätsel
Dumbumdurumdum
Dunkelblaue Angst
Ehren-Scheibbser
Eigentlich bin ich ein Schwein
Ein anderes Thema
Ein längst erlosch'ner Stern
Ein Tampon und ein Kondom
Ein wenig Liebe (Hey Baby)
Eine Utopie
Einfach wie immer
Einzelkind
Elfi
Emil
Ende
Erdäpfelsalat bleibt Erdäpfelsalat
Erinnerungen
Es blutet und tut nicht weh
Es is nua da Wind
Es ist leicht
Es ist so schön ein Schwein zu sein
Es tuat ma lad
Es tut mir so leid
Fahrradfahrer
Familienband
Feine Leute
Fernweh
Fieber
Fiesta Criminal
Flieg' der Sonne entgegen

Flugzeuglied
Fort von dir
Fragt's mein' Mänätscha
Free Again
Freiheit und Toleranz
Frieden
Für Anne (1912)
Für eine Ewigkeit
Ganz Wien träumt vom Kokain
Gaudenzdorfer Gürtel 47
Geburtstagsfeier
Geh in Oasch
Geh wieder aus meinem Leben raus
Gesichtskontrolle
Gewalt ist Schitt
Gib ma di Kraft (i möcht di gernham)
Gib mir eine Chance
Gnädige Frau in Malaga
Gnua von dera Hitz'
Graue Herren
Griechenland
Große Dinge
Grüß Gott Frau Kompott
Halleluja
Hans
Heasd Karli du bist a Wahnsinn
Heit drah i mi ham
Heut' bin i wieder fett wie ein Radierer
Heute ist der Tag
Heute nacht erschien mit Albert Einstein
Heute Nacht machen wir es gut
Heute Nacht war ich James Dean
Hier sind wir nicht zu Haus
Himmelherrgottkruzifix
Hinter'm blauen Vorhang
Hobt's ihr wer mei Auto xeng???
Hofrat Dr. Müller
Honigmond
Hundstrümmerl-Boogie
Hupf in Gatsch
Hurt Me Baby
I bin a Kniera
I bin ned dei Mausi
I fürcht mi ned
I geh ham
I glaub, i werd alt
I hob scho so fü Liada gschrieben
I schdiab boid
I scheiß' drauf'
I steh auf di
I und mei Hund
I verlass di
I wü no ned hamgeh
I wünsch da fü Glück
Ich bin dagegen
Ich bin ein Kriecher
Ich bin sexuell verklemmt
Ich blende mich aus in die Nacht
Ich denk' an Sex
Ich fang di auf
Ich glaub ich mag dich
Ich kann nicht allein sein
Ich lass dich nicht im Stich
Ich liebe dich
Ich liebe dich mehr ...
Ich liebte es ...
Ich muaß denkn an mein' Vatern
Ich seh'n mich so nach deinem Po!

Ich sehne mich
Ich steig aus
Ich trau dir nicht
Ich verlass dich
Ich will nicht mehr
Ich will zu dir
Ich ... bin der Mörder (HaHaHa-HaHa)
Ihr habt die Macht
Ihr kents mi
Ihr seid alle so normal
Im Park
Immer noch
In deine Oam
In einem kleinen Cafe in Hernals
India
Israel
Ist schon gut (That's Alright)
Janosch
Jeder wü doch nur er söwa sein
Jetzt oder nie
Jö schau
Jo, da Foi wiad imma glora
Jo, mei liawa Augustin
Johnny komm nach Casablanca
Joschko
Känguru
Kann den Liebe Sünde sein?
Kann sein
Karibik in Unterhosen
Karl, der Wahnsinnige
Karli
Kein Benzin
Kein Chauvischwein
Kein Thema
Keine Angst
Kinder
Kleine gelbe Mondprinzessin
Kleine Pause
Komm zurück zu mir
Komm, zieh dich aus
Könntet ihr mich lieben
Korneuburg Sonnenuntergang
Kreise
Kreuzritter
Kriecher
Kum gema ins Kino
Künstlerpech
Lang is' her
Lass dich tätowieren
Lass mi amoi no d'Sunn aufgeh' segn
Lass mi amoi no d'Sunn aufgeh' segn (Danzer, Bäer, Baum)
Lass mi da ned lana
Lass mi so wie in bin
Lasst mich raus (Narrenhaus)
Leben nur leben / Vita
Legende vom großen Mann
Leo Langbein
Leuchtturm
Liag mi ned au
Liebe-Liebe
Lieber Gott
Liebeslieder
Loch amoi
Lola ... nannte sich J. D.
Löwenzahn
Mach dich nicht mit Gewalt kaputt
Mädchen aus dem Osten
Mama bitte wan ned
Manchmal

Männerheim
Maria
Matala
Maturareise
Medley: Des kaun do ned ollas gwesn sein/... und der Himmel kommt unter die Räder
Mehlpapp statt Uhu
Mei allerbester Freund
Mei Aschen
Mei Gitar'
Mein Freund, der Skorpion
Mein Lebn
Mein Name ist Kain
Mein Testament
Menschenkinder
Menschliche Wärme
Militärisches Geheimnis
Mir a egal
Mir haum an g'hobt in unsra Klass'
Mistkübelballade
Mit letzter Kraft
Mit'n Kopf durch die Wand
Mitzi
Monika
Morgen ist ...
Morgenrot
Mundharmonikagestell
Murphy's Law
N.E.I.N. (Du bist nicht allein!)
Nackter Mann auf der Reeperbahn
Nahaufnahme
Nasenbluten
Nebenan schlaft a Kind
New Orleans Alptraum Stomp
Nicht »pro domo«
Nie mehr kalt
Niemand kann den Blues so blasen, wie er wirklich ist
Nimm dir ein Herz
Nimm mich, lass mich
Notausgang
Nua da Noa is wirklich frei
Nur a klana Bua im Winter
Nur a Stückl Himmel
Nur amoi no
Nützliche Idioten
Oaschloch Oaschloch
Oh Kondome
Oide – i hoid auf di
Oide, lass mi ned im Regen schdeh
Ollas leiwaund
Olle Weiber san G'fraßta
Paniglgass'n Nr. 17
Pass auf auf di
Pearls Before Swine (I Think That I'm A Good Guy) (Danzer, Bäer, Baum)
Piercing in Gmunden
Please Come Back To Me
Pornographie
Pythagoras
Quäl di ned
Raritäten
Ratten und Matrosen
Raucher
Razón
Reg dich nicht so auf
Regen
Roadie-Lied
Ronny und Juri

Rosarode Gummihandschuach
Ruaf ma a Taxi
Ruaf mi net an (Danzer, Bäer, Baum)
Ruaf mi net an
Ruhe vor dem Sturm
Rund um die Uhr
Russland
Sachertorte
Sado-Maso
Sag lieber nichts
Sag mein Kind
Sag, was hast scho zum Verliern
San Sie ledig
Sanft (auf deine Art)
Saxofonsolo
Say It In English (Danzer, Bäer, Baum)
Schani
Schau doch, Mama
Schau Schatzi
Schau Schatzi (Georg Danzer & Wilfried)
Schlaf mit mir
Schlechte Zeiten (für den Papst)
Schorsch
Schule
Schwester Maria
Sehnsucht in der Nacht
Sei imma höflich! (Georg Danzer & Joesi Prokopetz)
Sei nicht traurig
Seltsam
Sex im Internet
Sex-Appeal
Sexi Exi
Shake Hands, Be Friends (Georg Danzer & Wolfgang Ambros)
Show Me
Sie
Sieger
Silbermond
So a Dodl mid da Rodl
So kaunsd eifoarn
So nervös
Sonntag
Space Invaders
Spät is
Sprachwissenschaftlicher Diskurs
Stau auf da Tangenten
Stell da vor
Stephan
Strandbrunzer-Tango
Strandhunde
Suche nette Partnerin zum Bumsen
Swinging Prostata
Tag und Nacht
Talkshow
Tango
Tango der Vorstadt
Tanz erotisch
Tequila (Salz und Zitrone)
Terroristen
Tessi
Thema
Total
Traum
Träumer
Traurig aber wahr
Triangel
Tschik
Über meine Seele führt mein Weg

Und der Hass wird immer größer
Und die Zeit vergeht
Und es is guad ...
Und so bin i
Und so weiter
Unsichtbar
Unterwegs
Valerie
Vater
Vera
Verehrter Herr Minister
Vereint getrennt
Verrückt
Verzeih' ma
Vogelfrei
Vogelfrei / Der Schrei
Von Scheibbs bis Nebraska
Vorstadtcasanova
Wann der Mond am Himmel steht
Wann i so zruckschau
Wann werden wir uns wiederseh'n
War das etwa Haschisch?
Warum bist du nicht hier?
Was wäre mit dir
Weil du nur so bist ...
Weiße Pferde
Weiße Pferde (Caballos Blancos) (Klaus Pérez-Salado & Georg Danzer)
Wenn du sagst (es ist aus)
Wenn London schläft
Wer bist du???
Wer ma' wirklich is'
Wer, wenn nicht ich
Wie woa Weihnachten
Wie zwei Schiffe auf dem Meer
Wieder in Wien
Wieder normal
Wien
Wiener Trilogie
Wienerwaldwanderkarte
Winnetou hat bestimmt nicht ...
Wir sind die Antwort
Wir werden alle überwacht
Wird scho' werden
Wunderland
Wut (habt ihr immer noch nicht genug)
You Got Me
Zärtlichkeit
Zehn kleine Fixer
Zeitgeist, oh yeah!
Zerschlagt die Computer / Diese riesige Maschine
Zombieball
Zu spät
Zukunft
Zwa wie mia Zwa (Georg Danzer & Wolfgang Ambros)

AUSTROPOP ANNO 1974

Schon 1974, wenige Jahre nach dem Beginn der »Dialektwelle«, erschien ein Doppelalbum österreichischer Popmusik unter dem Titel »The Austro Pop Story«, zusammengestellt von der Austropop-Mutti Eva Maria Kaiser. Die Tracklist und v. a. die Reihe der Interpreten liest sich heute teilweise durchaus kurios, zwischen bekannten und unbekannten und aus anderen Gebieten bekannten Namen (Insider bitte auch die Autorennamen in Klammer beachten!):

A01	»Da Hofa« – Wolfgang Ambros	(Ambros/Prokopetz)
A02	»Dance Butterfly« – Milestones	(Schönherz/Rigoni/Unger)
A03	»Hampelmann« – Peter Cornelius	(Cornelius)
A04	»Lies For Sale« – Stefanie	(Schönherz/Rigoni)
A05	»Lady of My Heart« – Turning Point	(Cogan)
A06	»Memphis Joe« – Lance Lumsden	(Lumsden)
A07	»Puppet On Life« – Mogi D.	(M. Darusman)
A08	»Orange« – Brigitte Wall	(Lauber/Franck)
A09	»Return To Italy« – Eric	(Spitzer)
A10	»Freedom Lover« – Acid	(Novacek)
B01	»My Fantasy's Kingdom« – Jack's Angels	(Grunsky)
B02	»Oh Carol« – Mimes	(Chuck Berry)
B03	»Gummizwerg« – Heinrich Walcher	(Heinrich Walcher)
B04	»Wenn du sagst, es ist aus« – Georg Danzer	(Danzer)
B05	»Smile Please« – Novaks Kapelle	(Novak/Mauritz/Thor/Travnicek)
B06	»No Direction Elegy« – Elegy	(Elegy)
B07	»Die Kinder« – Kratochvil	(Napravnik/Kratochvil)
B08	»Ein Septembernachmittag« – Norbert Kainz	(Kainz/Zellinger)
B09	»Das Glück mit Dir« – Aniko Benkö	(Kugler/Lichter)
B10	»I Love You« – Pat & Pete	(O'Leary/Cornelius)
C01	»A Zigeina mecht i sein« – André Heller	(trad./bearb.: Heller/Opratko)
C02	»Hollywood« – Waterloo & Robinson	(Kolonovits)

C03	»Present Your Style« – Brad Howell	(Howell)
C04	»Sad Song« – Hide & Seek	(Doppler-Gruber/Scheutz)
C05	»Working Man Blues« – Al Cook	(Cook)
C06	»Ich geb 'ne Party heut Nacht« – The Hubbubs	(Richter-Bauer-Svab)
C07	»Fly Away« – Orange Power	(Orange Power/O'Leary)
C08	»Zigeunerliebe« – Kati Kovacs	(Danzer)
C09	»Kauf a Zeitung« – Worried Men Skiffle Group	(Richter)
C10	»Birken im Wind« – Misthaufen	(Kraulitz)
D01	»Come On All You People« – Susan Bruce	(Bruce)
D02	»Music » – Schönherz, Ratzer, Doggette, Rigoni	(Rigoni/Schönherz)
D03	»Bitte sag jetzt nicht« – Marianne Mendt	(Schönherz, Salomon, Rigoni, Danzer)
D04	»Movie Queen« – Die Schmetterlinge	(Tampier/Resetarits)
D05	»Abraham« – Wolfgang	(W. Hofer)
D06	»The Prince In Love Is Me« – Jack Grunsky	(Grunsky)
D07	»Ziwui Ziwui« – Wilfried	(trad./bearb.: Scheutz-Neuwirth)
D08	»Your Time Is Over« – Golem	(Kutzer)
D09	»Good Bye Los Angeles« – Chris Martin	(O'Leary)
D10	»Adieu« – Marika Lichter	(Grunsky/Miriflor)

DER HANSI UND DER PETER

Anlässlich der »Austro Hit Gala« 1984 sang Falco, stilgerecht im schwarzen Anzug, »Hier ist ein Mensch« von Peter Alexander. Doch das war nur der Auftakt für seinen Gastauftritt in der Peter-Alexander-Show »Wir gratulieren« vom 28.11.1985, in der er zuerst »Vienna Calling« sang, dann mit »dem Peter« zusammen ein Nonsens-Medley »der dümmsten Melodien«, um schließlich gemeinsam mit ihm auch noch »Zwei Fiedeln, a Klampfen, a Maurerklavier« anzustimmen.

UNERWARTETES AUS ÖSTERREICH: TIM TIM

Mit Covern fröhlicher internationaler Melodien schaffte es die österreichische Formation »Tim Tim« immer wieder in die heimischen Charts und zwei Mal unter die Top Ten. Die drei höchstplatzierten Titel waren:

»Under The Sun« (1997) #13
»Under The Mango Tree« (1998) #3
»SingAlongSong« (2000) #3

»Under The Mango Tree« wurde auch in Spanien, Frankreich, der Schweiz, Deutschland, Lateinamerika, Japan und anderen asiatischen und arabischen Ländern zum Hit.

IM SPOTLIGHT: BLUATSCHINK

»Bluatschink« aus dem Lechtal in Tirol, bestehend im Wesentlichen aus Toni Knittel und Peter Kaufmann, war eine der wenigen Dialektbands, die nicht Wienerisch oder Steirisch, sondern eben Tirolerisch sangen. Das Duo erreichte mit dem Album »Funka Fliaga« 1996 Gold-Status und war mit Liedern wie »I han di gera«, »I drah mi um di« und »Powered By Liebe« in den österreichischen Charts vertreten. 2007 löste sich die Gruppe auf und der Bandname »Bluatschink« wird seit 2008 von Toni Knittel nur noch für Kinderkonzerte und -CDs verwendet.

EINIGE FALCO-COVER

»Rock me Amadeus« – Megaherz
»Rock me Amadeus« – Bloodhound Gang
»Jeanny« – Von den Ketten
»Jeanny« – Ich Troje
»Jeanny« – Freedom
»Mutter, der Mann mit dem Koks ist da« – Die verlorenen Söhnen

OTTO!

Im Rahmen eines »Hänsel und Gretel«-NDW-Medley parodierte Otto Waalkes auch den »Kommissar« von Falco und »Codo« von DÖF.
Als MP3 im Netz zu finden, wer's noch nicht kennt.

Mit Rainhard Fendrich (und der Vorarbeit von Peter Cornelius) wurde der Austropop nach den »Aufmüpfigen« (wie Ambros und Danzer) endgültig »stubenrein« und allgemein verträglich. Sowohl seine witzigen Lieder, aber v. a. seine Balladen haben ihn bereits zu Lebzeiten unsterblich und zu einem der auch im (deutschsprachigen) Ausland bekanntesten österreichischen Popmusiker gemacht.

Neben vielen Splittern in diesem Buch hier noch ein Word-Rap zu Rainhard Fendrich:

- Seine erste Bühnenrolle im Musical »Die Gräfin vom Naschmarkt« stellte Fendrich als Bänkelsänger neben Mario Bottazzi – das spätere EAV-Bandmitglied.
- Dass seine Hymne »I am from Austria« definitiv unzerstörbar ist, beweist das hochdeutsch und mit falschem ungarischem Akzent intonierte Cover durch »Das Balaton Combo«.
- An die 20 seiner – Hunderten – Lieder schafften es in die österreichischen Verkaufscharts.
- Neben seiner Parallel-Karriere als Schauspieler moderierte er auch haufenweise TV-Shows wie »Herzblatt« (als Nachfolger von Rudi Carell«, »Nix is fix«, »Alles ist möglich – die 10-Millionen Show« (als erster Moderator der späteren »Millionenshow«), »Deal or no Deal« (das mit dem Koffer) und aktuell die Karaoke-Quiz-Show »Sing and Win« (ATV).
- Fendrich hat den TV-Preis »Goldene Romy« drei Mal gewonnen (1994, 1995, 2000) und wurde auch einmal von den Lesern von »News« zum »besten Entertainer des Jahrzehnts« gekürt.
- Nachhaltig beschädigt und öffentlich dem Spott preisgegeben hat ihn seine Kokain-Affäre, die mit einem Entzug und einer Geldstrafe von 37 500 Euro endete.
- Mit seinen jüngsten Auftritten als Bühnen-Schauspieler, TV-Moderator sowie der Euro-2008-Single »Wir sind Europa« dürfte Fendrich diesen Tiefpunkt seiner Karriere aber weitgehend überwunden haben.

EINIGE Ö3-SENDEVERBOTE

... ohne Anspruch auf Vollständigkeit:

- Nach Gründung des Senders als progressives Pop-Radio wurde per sogenanntem »Schnulzenerlass« der deutsche Schlager vom Sender verbannt.
- Das Anti-Kriegs-Lied »Karl, wie schaust du aus« der »Worried Men Skiffle Group« erhielt nach einer Intervention im ORF Sendeverbot, weil der damalige Verteidigungsminister zufällig denselben Vornamen trug.
- Auch »Tagwache!«, das Lied von Wolfgang Ambros über seine Zeit beim Bundeheer, landete auf der schwarzen Liste.
- Zur Zeit der Neuen Deutsche Welle durfte »Ich will Spaß« von Markus nicht auf Ö3 laufen, da u. a. die Zeilen »Mein Maserati fährt 210/ Schwupp, die Polizei hat's nicht geseh'n« die heimische Jugend zu illegalen Geschwindigkeitsüberschreitungen und rücksichtslosem Fahren anstiften hätten können. Daher wurde Markus bei uns nur durch sein zweites Lied, »Kleine Taschenlampe brenn«, bekannt und nie so richtig zum Star.
- »Bobby Brown« von Frank Zappa galt im ORF bis Ende der 80er-Jahre als absolutes Tabu (wie der Autor dieser Zeilen, Mitte der 80er Volontär bei Ö3, selbst bezeugen kann), obwohl es 1980 bis auf Platz 8 der Verkaufscharts kletterte. Vermutlich weil der anstößige Text so langsam und deutlich vorgetragen wird, denn sonst war und ist man beim ORF, was Sex im Text betrifft, nicht so besonders zimperlich. Irgendwann wurde es dann doch mal gespielt – und zum späten Radio-Hit! Kurz darauf noch einmal in der Version von Ostbahn Kurti (»Bertl Braun«).
- »Komm, großer schwarzer Vogel« von Ludwig Hirsch hatte ein Sendeverbot nach 22 Uhr, um depressive Zuhörer nicht auf Ideen zu bringen.

LIEDER VON ZABINE

Aussi
Guat liabn
Hex
Himmi
Kapfinger
Love Your Life
Oiwe nu
Opa
Rund umd Weut
Tibet
Transalpin
Zack

UNERWARTETES AUS ÖSTERREICH: »AB IN DEN SÜDEN«

Auch der deutsprachige Sommerhit 2003 »Ab in den Süden« von »Buddy vs. DJ The Wave« ist – zum größten Teil hausgemacht, erreichte hierzulande Platz 1, hielt sich dort 12 (!) Wochen und blieb insgesamt 28 (!) Wochen in den Charts. Das Lied stammt von dem Berliner Buddy, der es 2000 aufnahm, damit aber wenig Erfolg hatte. Erst als der österreichische DJ »The Wave« es aufgriff und in der »Nachtschicht« zu spielen begann, ging's richtig los. Unter einem neuen Label begann der Titel seine Erfolgsgeschichte, die Buddy und Co. auch noch Doppel-Platin in Österreich, Gold in Deutschland sowie eine Amadeus-Award und eine Echo-Nominierung einbrachte.

GESUNGENES REZEPT

»Mango Chutney« von »Milkman« (Mathias Newrkla) wurde 2003 zum FM4-Sommerhit und ist ein nicht nur für »alternative« Ohren empfehlenswertes und witziges Lied.

Hier die Einkaufsliste, wenn man den Song nachkochen will:

500 g Mangofruchtfleisch
15 g Senfsamen
15 g Knoblauch
15 g Ingwer
15 – 30 g getrocknete, geriebene Chilischoten
600 g Kristallzucker
200 g Rosinen/Sultaninen
ca. 1/2 l Essig

UNABSICHTLICHES COVER

Sigi Maron, der Schöpfer einer ganzen Reihe von grenzgenialen Protestliedern, feierte seinen größten Erfolg (Nummer 1 auf Ö3) mit »Geh no net furt«. Was ihm dabei leider entgangen war: Die Melodie entsprach großteils der von »Don't Forget To Dance« der »Kinks«, die er offenbar unbewusst gecovert hatte. Statt eines Plagiatsprozesses kam es allerdings zu einer gütlichen Einigung mit der Plattenfirma und »Geh no net furt« läuft heute rechtlich offiziell als Cover-Version.

EINIGE (ROLLENDE) STEINE AUS ÖSTERREICH

Gert Steinbäcker (STS)
Kurt Hauenstein (»Supermax«)
Kurti Winterstein (Protestsänger)
Regine E Steinmetz (Textautorin »Minisex«)

EAV-URZEIT

Die allererste Langspielplatte der »1. Allgemeinen Verunsicherung« wurde 1978 für 14 000 Schilling (ca. 1000 Euro) aufgenommen und von Wilfried finanziert.
Wilfried selbst singt darauf »Disco Queen«, begleitet lediglich von einem elektronischen Billigsoundeffekt eines sogenannten »Japaners«.

ROBERT PONGER: NOCH EINE GRAUE EMINENZ

Rober Ponger produzierte u. a. Heinrich »Gummizwerg« Walcher, »Papermoon«, Wilfried, Bilgeri und auch Udo Jürgens. Sein größer Erfolg war aber wohl die Karriere von Falco, den er sozusagen entdeckte und dessen Solo-Karriere er startete.

AUSTROPOP LEBT

August 2008, Sonntag, 23 Uhr, 1030 Wien:
Der Autor dieses Buches korrigiert die Druckfahnen. Aus dem offenen Fenster schallen ihm Autogeräusche von der Straße und Grillengezirpe aus dem nahen Park entgegen. Plötzlich mischt sich eine etwas illuminiert klingende Stimme dazu, die langsam und getragen aber stimmsicher intoniert:
»I bin do ka Hampelmann, dem ma so vaschaukeln kann, wos du mir dazöhst san Tanz, olles lauter Firlefanz...«
(Peter Cornelius, „Hampelmann", 1974)
Fazit: Austropop lebt!

»Was, du schreibst ein Austropop-Sammelsurium? Aber der Austropop IST doch ein reines Sammelsurium!«, meinte ein Freund neulich. Und er hat Recht, wie auch das Vorwort zeigt.

Dort steht auch, was Austropop ist.

Aber was ist ein Sammelsurium?

Nun, ein Sammelsurium, wie ich es verstehe, ist mehr als eine Ansammlung von Kuriositäten und Anekdoten. Die gehören zwar auch dazu, genauso wie viel »nutzloses« Wissen. Aber auch Seriöses und Interessantes, Verblüffendes und augenöffnende Auflistungen. Denn es ist meine fixe Überzeugung, dass man durch die Lektüre eines Sammelsuriums viel über das jeweilige Thema lernen kann. Oder zumindest ein Gesamtgefühl für die Materie bekommt.

Natürlich kann ein Sammelsurium kein Ersatz für ein seriöses historisches oder lexikalisches Buch sein. Zwar habe ich mich bemüht, möglichst viele Aspekte des Austropop zu berücksichtigen, aber ein Standardwerk zum Thema (das ich gern mal schreiben wollte, aber niemand wollte es verlegen) müsste ganz anders aufgebaut sein. Es müsste etwa Genaueres über die Rolle der Väter und Mütter des Austropop wie Eva Maria Kaiser, André Heller, Ernst Grissemann oder Gerd Bacher enthalten. Zumindest auch einen Streifzug durch die ehemaligen Pop-TV-Sendungen wie »Showchance«, »Spotlight« (mit Peter Rapp), »Die Grossen 10« (mit Udo Huber) oder auch »Okay«, »X-Large«, »Wurlitzer« ... etwas, das es heute in dieser Form gar nicht mehr gibt. Oder über große Talentwettbewerbe wie »Popodrom« berichten. Auch Genaueres über DoRo (Dolezal und Rossacher) oder eine Geschichte und Erklärung der verschiedenen Austro-Charts beinhalten. Und vieles andere mehr. Naja, vielleicht ein andermal ...

Hier zum Schluss nur noch ein wenig Persönliches. Also, ich mag Austropop. Je kurioser, desto besser, aber durchaus auch Schmalziges oder Intelligent-Witziges ... Dennoch besitze ich gar nicht so viele österreichische Platten oder CDs und geh auch nicht viel zu Konzerten – ein Grund, weshalb ich das seltene Spielen von österreichischer Popmusik im Radio und noch seltener im Fernsehen so bedaure.

Tatsächlich persönliche Kontakte zu Austropoppern hatte ich wenige, aber doch ein paar, von denen mir zumindest drei hier erwähnenswert scheinen:

- Falco traf ich einmal als Jungreporter hinter den Kulissen einer in Linz stattfindenden TV-Show. Er war nicht mein geplanter Interviewpartner, deswegen traute ich mich nicht, ihn anzusprechen. Aber ich blieb eine Weile zögernd vor seiner Garderobe stehen, aus der gelegentlich ein – wohl zum eigenen Amüsement – zackig-gebrülltes »Schulz!« erklang. Wer »Sein oder nicht sein« kennt, kann sich das ungefähr vorstellen.
- Etwas stolz und etwas traurig macht mich mein kurzer E-Mail-Verkehr mit Georg Danzer vor wenigen Jahren, der mich damals bei meinen ersten Austropop-Buchprojekt, aus dem dann nichts wurde, unterstützen wollte. Tja.
- Kurios dagegen war meine Begegnung mit Ronnie »Rocket« Urini, den ich vor vielen Jahren im Wiener Funkhaus kennenlernte, kurz mit ihm plauderte und von dem ich nach keinen fünf Minuten um 100 Schilling angepumpt wurde. Ich gab sie ihm schon aus Verblüffung – zusammen mit meiner Kontonummer. Und er hat den Betrag tatsächlich wie angekündigt kaum eine Woche später überwiesen.

Meine eigenen Beiträge zum Austropop, denn natürlich war auch ich kurz in einer Band (als Texter und »Sänger«), erreichten kaum größere Popularität. Zwar errang »meine« Band »Harry Hamlet und die Breite Masse« mit dem »Donauinsel-Rap« den zweiten Platz des Kurier-Donauinsel-Lied-Wettbewerbs, aber produziert wurde dann nur der Siegertitel (»Der Donauinsel-Blues«). Von meiner Einsendung zum Ö3-Rap-Wettbewerb weiß ich nur noch den Titel – »Pope-Rap oder Il Papas Delight« – und die erste Zeile: »I say rope, dope, soap the Pope – Gott sprach es werde Gicht«. Aber immerhin habe ich aus meiner EAV-Epigonen-Phase eine Neue-Deutsche-Welle-Parodie namens »Yeti« als MP3! Wer den Mut hat, kann sich den Titel gern auf meiner Homepage anhören (www.havas.at). Leider weiß ich nicht mehr genau, wer, abgesehen von einem Freund aus Kindertagen namens Andi Walter, meine Mitstreiter waren. Wer noch Copyright-Claims anmelden möchte, bitte melden!
Ansonsten viel Spaß noch mit diesem Buch, wenn Sie von hinten angefangen haben. Und: kauft, produziert und sendet mehr Austropop, Leute! Es dient einer guten Sache.

Harald Havas

Herzlich bedanken möchte ich mich bei …

… **Nicole Kolisch** für Rat, Tat und Input,
Walter Gröbchen für gewährte Einsteigerhilfe
und **Andreas »Rotti« Rottensteiner** für seine Bereitschaft mir zu helfen, wo dann aus (meinen) Zeitgründen aber leider doch nichts draus wurde.

Harald Havas
wäre zwar um ein Haar, oder zwei, oder zwei Dutzend, beinahe selber Austropopstar geworden (Details nebenan in der Nachbetrachtung), hat sich aber dann doch dem Schreiben zugewandt. Und sich dort neben der Autorenschaft zahlreicher Comic-Serien, IQ-Trainingsbücher, Brettspiele und auch dem einen oder anderen Drehbuch vor allem einen Namen als Autor für Skurriles und Satirisches aller Art gemacht.
In den letzten Jahren erschienen Sammelsurien *(„Wiener Sammelsurium“, „Habsburger Sammelsurium“)*, Ratgeber *(»Die größten Gefahren Österreichs – und wie man sie übersteht«)* sowie Sprach- und Wortspielereien *(»Martha Pfahl am Marterpfahl«, »Witzige Worte über Österreichs Orte«*, ein Schüttelreimbuch mit Nicole Kolisch). Siehe auch www.havas.at.
Harald Havas lebt mit einer Frau, zwei Töchtern und einer Kätzin als männliche Minderheit in Wien und verspricht bei ausreichendem Verkauf dieses Buches eine Sangeskarriere auch weiterhin zu unterlassen.
Besorgen Sie sich also rechtzeitig Ihr Zweitexemplar und schenken Sie dieses Buch ausgiebig weiter! Die heimische Musikszene und Ihre Ohren werden es Ihnen danken.

ISBN 3-8000-7244-0

Bildnachweis

APA-Picturedesk:
S. 51 unten, S. 52 unten, S. 53 oben, S.54, S. 55 unten links, S. 105 unten, S. 106 oben links, S. 108 unten, S.108/109 unten, S. 109, S. 110 oben, S. 112

Votava:
S. 49, S. 50, S. 51 oben, S. 52 oben und Mitte, S. 53 unten, S. 55 oben, Mitte und unten rechts, S. 56, S. 105 oben, S. 106 oben rechts und unten, S. 107, S. 108 oben, S. 108/109 oben, S. 110 unten, S. 111

ISBN 3-8000-7245-9